Dieter Kosnowski
Lebe Dein Leben

AF192190

Über das Werk

Dieses Buch soll Dich dabei unterstützen, in verschiedenen Lebenssituationen Deinen eigenen, den für Dich richtigen Weg zu finden.

Viele Menschen tragen bereits einen Teil dieses Buchinhalts in sich, erkennen das aber leider nur schwer. Deshalb habe ich mich zu dieser Hilfestellung entschieden. Denn das Buch beinhaltet Erklärungen, wie der Betroffene aus einer Lebenskrise entkommen und seelische Notsituationen bearbeiten kann.

Dieses Werk ist dafür gedacht, allen Hilfesuchenden Wege aufzuzeigen, die sie beschreiten können. Denn: Es gibt immer einen Weg! Man braucht sich nur die Mühe zu machen und den Mut besitzen, danach zu suchen. Die nachfolgenden Zeilen sollen Dich dabei unterstützen.
Das Buch zeigt Orientierungswege auf, mit denen man aus den verschiedensten seelischen Notsituationen einen Ausweg finden kann, ohne dabei größeren Schaden zu erfahren.
Unterstützt werden diese Hinweise durch Fallbeispiele und einer Umschreibung in Gedichtsform.

„Vertraue dir selbst, bleibe dir treu. So wirst du ein glückliches Leben führen".

Dieter Kosnowski

Über den Autor

Dieter Kosnowski erblickte 1963 in Weiden/Oberpfalz das Licht der Welt. Er wuchs in einer kinderreichen Familie auf. Nach einer Vielzahl von Lernprozessen, durch Umstände innerhalb seines Lebens und einem außergewöhnlichen Erlebnis (er nennt es sein Schlüsselerlebnis) erkannte er seine intuitiven, medialen* Fähigkeiten. Er lernte, mit dieser Begabung umzugehen und darf sie seit einigen Jahren zur Unterstützung vieler Menschen nützen.

Viele Menschen, die mit ihm Kontakt aufnahmen, zeigte er in den verschiedensten Bereichen neue Perspektiven, andere Wege und Lösungen klar und deutlich auf. Die Lebensqualität der Betroffenen stieg an. Ein glücklicheres Leben wurde für die Betroffenen wieder möglich.

Dieter Kosnowski besuchte nie eine weiterbildende Schule oder ein Seminar, um diese medialen Fähigkeiten zu erlernen. Sie sind einfach gekommen. Seine **Empfindungen**, **Erkenntnisse** und **Intuitionen** erweitern sich Tag für Tag. Es wird ihm gegeben und er nimmt es dankbar an. Denn er sieht es als seine Aufgabe, anderen Menschen in schwierigen Situationen hilfreich zur Seite zu stehen und neue Wege aufzuzeigen. Er sieht sich als Mensch wie "Du und Ich", der mit Hilfe seiner medialen Fähigkeiten bei Problemlösungen unterstützend an der Seite von Menschen steht.

Medialität ist eine Ableitung des lateinischen Wortes Medium und bedeutet Mitte.

Mediale Potenziale sind keine ungreifbaren Phänomene, sondern konkrete Fähigkeiten, die von jedem Menschen erlernbar

5

sind. Medial ausgebildete Menschen können ihre sensiblen Talente in jeden Bereich des Lebens lenken.

Medialität ist ein natürlicher Bestandteil unseres Lebens – es ist die Fähigkeit, intuitiv aus der inneren Mitte heraus zu denken, zu fühlen und zu kommunizieren.

Dank

Ich habe lange darüber nachgedacht, welchen und wie vielen Menschen ich für die tatkräftige Unterstützung, Anregungen und Mithlfe, die das Zustandekommen dieses Buches überhaupt erst ermöglicht haben, danken soll. Meine Liste wurde lang.

Zuerst will ich meinem göttlichen Führer danken. Er gab mir Tag und Nacht viele Inspirationen und Tipps für dieses Buch. Auch danke ich allen Menschen, die mich auf meinem bisherigen irdischen Weg begleiteten. Jeder Einzelne half mir auf seine Weise, so dass ich meinen Weg finden konnte. Dankbar bin ich auch für die unterschiedlichsten Lebenssituationen, denn diese ließen mich erst die Erkenntnis gewinnen, dass ich mich in einem sehr intensiven Lernprozess befinde.

Dank gebührt auch Berit Witthohn, Sabine Hatschuster und Friedhelm Caspari. Sie halfen mir, meine Gedanken und Ideen für dieses Buch richtig zu formulieren und druckfertig zu machen. Auch ohne den Einsatz von Ingrid Schmalzreich, die gemeinsam mit mir die letzten Korrekturen des Textes vornahm, wäre das Buch wohl nie zustande gekommen.

Und nicht zuletzt gilt mein besonderer Dank meiner Mutter. Sie stellte sehr oft ihre eigenen Bedürfnisse in den Hintergrund, um mich im Rahmen ihrer Möglichkeiten innerhalb meines bisherigen Lebenslaufes zu unterstützen.

Dieter Kosnowski

Herausgeber und Autor:
Dieter Kosnowski
Postfach 1829
D-92608 Weiden i. d. OPf
Tel.: 0160/ 1 00 92 64

E-Mail: mail@vitanauten.de
Web: www.vitanauten.de

Herstellung des Buches und Verlag:
Books on Demand GmbH
D- 22848 Norderstedt
ISBN 978-3-8391-1576-3

1. Auflage

Covergestaltung: Dieter Kosnowski
Made in Germany

Ich widme dieses Buch allen Menschen,
die sich in einer krisenhaften Lebensphase befinden.
Ich wünsche sehr,
dass Dir die Worte auf den folgenden Seiten helfen,
um Wege aus dieser Situation zu finden
und eine bessere Lebensqualität zu erhalten.

INHALT

11

VORWORT

Wenn Du Dich zurzeit in einer Situation befindest, in der Dich viele Fragen zu Deinem Lebensweg beschäftigen, Du Deine Lebensqualität verändern willst, aber nicht weißt, wie Du dieses erreichen kannst, dann möchte ich Dir mit diesem Buch helfen, einige Antworten und Wege zu finden.

Mit dem Wissen von „Veränderungen durch Erkenntnisse" kannst Du neue Wege der Persönlichkeitsentwicklung beschreiten. Du hast die Wahl – nutze diese Chance!
Übernehme dabei nicht jedes Wort aus diesem Buch. Vielmehr ist es geeignet, Dir Hilfe zu bieten, um in die richtige Richtung des Lebens, in Deine Richtung, gehen zu können.
Du entscheidest, welche Richtung das sein wird.

Dieses Buch wird Dich zum Nachdenken und Handeln bringen. Den Weg wirst Du selbst beschreiten. Denn es gibt keine Gründe, im Leben Angst zu haben. Der Weg ist sehr leicht - und doch erscheint er schwer.

Lies dieses Buch zu Ende. Sicher wirst Du es auch mal bei Seite legen, um über den Inhalt nachzudenken und es später weiter lesen. Schon in dieser Phase des Nichtlesens beschreitest Du einen neuen Weg. Dein neuer Lernprozess hat begonnen. Du setzt Dich mit dem Geschriebenen auseinander und somit mit Dir selbst.

Sei Dir sicher, dass Du ein Teil des Ganzen bist, die Menschheit Dich als wichtigen Bestandteil des Seins empfindet. Bewusst oder unbewusst, das spielt keine große Rolle. Aufgrund Deiner Wichtigkeit ist es emp-

13

fehlenswert, den geeigneten Lernprozess für jeden Einzelnen zu aktivieren. Dieses Buch wird Dir dabei helfen, Deinen Lernprozess, Deine Aufgaben in diesem Leben zu erkennen und umzusetzen. Du musst es nur wollen und „ja" zu Dir selbst sagen. Denn Du bist einmalig.

Ich will in diesem Buch keine Religionslehre in Bedrängnis bringen. Ich selbst bin zwar römisch-katholisch erzogen, erkenne aber für mich immer mehr bestimmte Kerninhalte der einzelnen Religionen.

Ich habe beim Verfassen dieses Buches bewusst auf die Verwendung von Fremdwörtern verzichtet. Trotzdem könnte es sein, dass der Inhalt schwer verständlich erscheint. Diesen Schreibstil habe ich bewusst gewählt, um Dich als Leser schon in dieser Phase zum Nachdenken aufzufordern.

Wenn Du die nachstehenden Kapitel liest, sei Dir bitte darüber im Klaren, dass jede Veränderung ihre Zeit braucht. Es können Monate werden. Denn das, was lange anhalten soll, geschieht **nicht** von heute auf morgen. Wenn Du aber diesen Weg der Veränderung zu gehen beginnst, dann werden sich sofort Erfolge für Dich einstellen, kleine Erfolge, aber Erfolge. Achte darauf und genieße diese, denn es sind Deine. Du hast es Dir verdient.

Du wirst in diesem Buch auch viele Beispiele aus meiner jahrelangen Praxis als Lebensberater lesen. All diese Beispiele sind so gestaltet, das die Persönlichkeit dieser Menschen nicht erkannt werden kann. Unterstützt werden die Texte von Gedichten, deren Autor ich ebenfalls bin.

Meine Aufgabe ist es, Menschen in den unterschied-lichsten Lebensphasen zu helfen, dieser Heraus-

forderung komme ich gerne nach. Das Buch, welches
Du jetzt in Händen hältst ist ein Teil davon.

Ich wünsche Dir die Kraft der Erkenntnis und viel
Freude beim Lesen!

Dieter Kosnowski

Weiden (Oberpfalz/Bayern), im Herbst 2009

Gebrauchsanleitung für dieses Buch

A. Lies dieses Buch in Ruhe. Solltest Du es zwischendurch weg legen wollen, so mache dies. Zwinge Dich nicht, es sofort bis zum Ende weiter lesen zu müssen. Dieses Buch unter Druck zu lesen, bringt Dir gar nichts.

B. Lies das Buch nur dann weiter, wenn Dir danach ist und nicht weil Du es gekauft hast. Zum richtigen Zeitpunkt wird Dir Dein Gefühl das Signal des Weiterlesens geben. Nütze die Zeit dazwischen, um über das gelesene nachzudenken.

C. Wenn Du Deine Persönlichkeit weiter entwickeln willst, dann sieh dieses Buch als Hilfe, als Unterstützung dazu an. Nicht als exakte Vorgabe. Du bist eine einmalige, eigenständige Persönlichkeit und forme Deinen Lebensweg selbst.

D. Mache Dir während des Lesens Notizen. „Eselsohren" wird dieses Buch vertragen.

E. Wenn Du dieses Buch gelesen hast, lese es ein zweites Mal. Und erkenne dabei, welche Erfolge Du zwischenzeitlich schon hattest; wie sich Deine Lebensqualität positiv verändert hat!

Und nun los

Bist Du bereit für Erkenntnisse? Für Veränderungen? Bereit neue Wege zu beschreiten? Bist Du aufgeschlossen dich weiter zu entwickeln?

Was Du jetzt lesen wirst, wird Deine Persönlichkeit positiv verändern. Ergründe mit mir die für Dich noch „un"sichtbare Wahrheit.

Freue Dich darauf; Du wirst es Dir selbst am meisten danken. Denn Du wirst bald erkennen, dass Du selbst Dein eigenes Leben leben darfst. Du hast das Recht dazu!

Sei frei und ohne Vorteile und freue Dich auf das, was Du nun lesen wirst.

Helles Licht im Dunkeln

Viele Menschen befinden sich in unregelmäßigen Abständen in einem seelischen Tief. Mancher empfindet diese Phasen des Lebens als sehr schmerzhaft, der andere wiederum betrachtet seinen Zustand sogar als bedrohlich für sein Leben.

Oft ist die Ursache dieser Lernphase - sie wird vielfach auch als depressiver Lebensabschnitt bezeichnet - die Ballung von „angesammelten" kleinen, als negativ empfundenen Ereignissen sowie auch von Äußerungen durch Mitmenschen. Dabei wird dieser Ursache soviel Wichtigkeit gegeben, dass der Betroffene sein ICH aus den Augen verliert. Diesen Begebenheiten und den Bemerkungen von anderen Menschen wird dann so viel Bedeutung beigemessen, dass man auf sich selbst überhaupt nicht mehr hört. Sie fühlen sich schlecht, nehmen die Verantwortungszuweisungen anderer sehr ernst und - noch schlimmer – sie nehmen die von außen heran getragenen Meinungen als die eigene an; egal ob diese im Einklang mit der eigenen Überzeugung stehen oder nicht.

Dadurch stellt sich ein schlechtes Gefühl (mehr darüber bei „Höre hinein") ein. Schließlich ist es nicht die eigene Empfindung: Sie handeln und denken gewissermaßen gegen sich selbst. Als Folge daraus entsteht massive Unzufriedenheit, gemischt mit mangelnder Selbstliebe. Treffen diese Faktoren mehrfach aufeinander, stürzt man sehr schnell in ein seelisches Tief. Dann geht der Glaube an sich selbst geht verloren. Du handelst nur noch wie eine Marionette, bei der andere die Fäden ziehen. Das eigene Empfinden und die persönliche Gefühlswelt verlieren an Wichtigkeit, Du siehst Dich wert- und oft sogar nutzlos an.

19

Dieser kapitulierende Zustand hält in der Regel so lange an, bis erkannt wird, was oder wer man selbst ist.

Die Lösung, um aus diesem Dilemma wieder heraus zu kommen, liegt bei jedem Einzelnen selbst: **Erkenne** in solch einer Situation, dass Du eine eigene, unabhängige und einzigartige Persönlichkeit und schon deshalb äußerst liebenswert bist! Dann hast Du bereits den ersten Schritt auf dem neuen Weg getan. Denn niemand ist so, wie man selbst ist! Bei Milliarden von Menschen auf dieser Welt ist jeder für sich einzigartig. Kein Zweiter hat dasselbe Leben gelebt und die gleichen Gefühle erfahren wie Du selbst.

Das eigene Leben ist ein individuelles Gut. Betrachte einmal Deinen Lebensverlauf aus dieser Perspektive, so wird es Dir gelingen, das bisherige Leben neu zu überdenken und den bevorstehenden Lebensabschnitt - also deine eigene Zukunft - durch die Lehren der Vergangenheit zu beeinflussen, zu verändern oder anders als bisher zu gestalten. Plötzlich merkt der Mensch, dass nur ER/SIE SELBST die richtige Betrachtungsweise auf die eigene Problematik und auf das eigene Leben haben kann. Mit dieser Erkenntnis erscheinen Dir die Aussagen der Mitmenschen gar nicht mehr von großer Wichtigkeit, da es diesen Personen an der richtigen Perspektive auf Dein eigenes Leben, Dein Leben, mangelt.

Die Folge daraus ist, dass man sich in Zukunft die Meinung anderer zwar gerne anhören soll, sie allerdings nicht mehr zu seiner eigenen macht und dadurch auch kein künstlicher Druck auf die eigene Persönlichkeit mehr ausgeübt wird. Das unabhängige, eigenständige ICH kann wieder gelebt werden. Dann ist es nahezu schon eine Selbstverständlichkeit, dass Du dadurch offen für viel Neues wirst. Du beginnst anhand dieser neu gewonnenen Eindrücke an Dir selbst zu arbeiten; Du hörst auf Deine Gefühle und die eigene innere Stimme.

Wichtig ist jedoch, dass Du dabei die Grenzen anderer Menschen nicht verletzt. Machst Du dieses, so übst Du Druck auf dessen Persönlichkeit aus. Dadurch könnte dieser Betroffene glauben, sich wehren zu müssen und erzeugt Gegendruck. So wird dann das „Spiel" fortgesetzt, bis der große Knall kommt und BEIDE die Verlierer sein werden.

Eine der weit verbreitesten Arten, Druck auf seine Mitmenschen auszuüben, ist das Be- und Verurteilen der anderen Persönlichkeit. Solltest Du in dieses Fahrwasser gelangen, ist es gut, wenn Du Dir die Frage stellst, ob man das Recht hat, andere Menschen soweit beeinflussen und manipulieren zu wollen bzw. zu dürfen. Nur um die eigenen Bedürfnisse zu befriedigen oder Unsicherheiten zu überdecken? Diese Frage, mit dem Blick auf die ebenfalls einmalige Persönlichkeit des anderen gerichtet, kann nur mit einem „Nein" beantwortet werden. Über dieses Recht verfügt niemand von uns!

Die Erkenntnis, dass jeder von uns ein eigenständiges und einmaliges Individuum ist, stellt sich in der Phase des seelischen Tiefs als helles Licht im Dunkeln dar. Achte darauf, wer in Deinem Freundes- oder Bekanntenkreis die Absicht der Manipulation erkennen lässt! Wahre Freunde beeinflussen nicht! Auf diese Erkenntnisse sollte man aufbauen.

Wie das in der Praxis aussehen kann, möchte ich nun an der Geschichte einer Frau aufzeigen, die mich vor einiger Zeit besucht hat.

Die sehr attraktive Frau machte auf mich einen über- aus ausgeglichenen Eindruck. Ihr Lachen zeigte sich herzhaft, sie verfügte über eine große Menge an Hu- mor und beeindruckte mich sehr. Als ich sie auf ihre herzliche Art ansprach, teilte sie mir mit: „Wissen Sie, dies war nicht immer so, ich musste einen sehr schmerzhaften Lernprozess durchschreiten, um heute so zu sein, wie ich bin. Aber jetzt bin ich glück- lich!" Ich bat sie, mir ihre Erfahrungen zu berichten. „Ja, das mache ich sehr gerne!", erwiderte sie mir und legte auch sofort auf ihre sympathisch wirkende Art los. Hier ist ihr „Erfahrungsbericht":

„Eines Tages saß ich mal wieder, wie so oft in der letz- ten Zeit, im Dunkeln und fror. Keiner war da, der mich hätte trösten können. Ganz langsam flossen meine Tränen. Es war ein stilles Weinen. Niemand schien mich zu mögen. Alle hackten auf mir herum. Da war der Nachbar, der immer wieder meckerte, dass ich die Haustüre zu laut schließen würde. Dabei schloss ich sie doch so leise, dass ich selbst nur ein klitzekleines Klicken beim Einrasten der Tür hörte. Mir kam an je- nem Abend, als ich mal wieder meine Wohnung verließ, auch noch eine weitere unangenehme Situation in den Sinn.

Ich wohnte damals in der dritten Etage und während ich vorsichtig, ja unsicher die Treppen hinunterschlich, bemerkte ich, wie zwei Nachbarinnen sich über unge- putzte Fenster unterhielten. Als ich ihnen näher kam, konnte ich beobachten, wie die beiden Damen das Treppenhausfenster lange und prüfend anschauten. Als ich dann an ihnen vorbeiging, hörte ich eine sagen, wie oft sie denn noch meine Fenster putzen sollte? Ich zog den Kopf ein, erwiderte nichts darauf und ging weiter die Treppen hinab. Ich wusste zwar, dass ich die Fenster erst tags zuvor gereinigt hatte, aber durch den nächtlichen Regen sahen die Scheiben wieder schmutzig aus. Doch das konnte ich dieser Frau nicht mitteilen. Ich hatte Angst, große Angst vor ihr. Sie wirkte auf mich so stark und mächtig. Ebenso Angst wie beim Einkaufen im Supermarkt um die Ecke, die dortige Verkäuferin. Sie schien mich ebenfalls nicht zu mögen. Auch vor dieser mürrischen Verkäuferin hatte ich Angst.

Sehr gerne verließ ich um die Mittagszeit meine Wohnung, um frische Luft zu schnappen. Ich wählte diese Zeit, weil da die Sonne auf mich am angenehmsten wirkte. Meistens setzte ich mich auf eine ganz bestimmte Bank im Hof. Dort spielten die Kinder und ich beobachtete sie sehr gerne. Aber selbst diese Kinder guckten mich missmutig an.

Egal wo ich war, immer wieder machte ich die Erfahrung, dass mich niemand mochte. All das rief seelischen Schmerz in mir hervor. Ich verkroch mich immer mehr in mich selbst, nahm mich nicht mehr an und zweifelte an mir. Ich fühlte mich nicht liebenswert und haderte mit mir und meiner Daseinsberechtigung. Irgendwann begann ich, mir Fragen zu stellen. Warum war das alles so? Was hatte ich meinen Mitmenschen nur getan? Antworten darauf fand ich aber nicht.

Schon in der Schule hatte ich kaum Freundinnen. Nur dann, wenn diese etwas von mir haben wollten, war ich gut genug für sie. Nur dann bekam ich positive Zuwendung. Diese seltenen Momente lernte ich zu genießen. Leider waren es sehr wenige und das Schlimmste dabei war: Ich bemerkte nicht, dass ich mich verbog. Ich verleugnete meine eigene Persönlichkeit, um anderen zu gefallen. Wenigstens nur für ein paar Augenblicke wollte ich glücklich sein! Dabei spielte es für mich keine Rolle, weshalb diese Menschen mich in diesem Augenblick wertschätzten. So lernte ich also, zu geben und immer wieder zu geben,

23

nur damit die anderen mich mochten. Ich vergrub mein eigenes ICH.

Als ich dann heiratete und aus der Ehe zwei Kinder hervorgingen, übergab ich aus demselben Grund meinem damaligen Mann mein Sparbuch. Nun MUSSTE er mich doch lieben, bildete ich mir ein. Aber kurze Zeit später verließ er mich mit meinem Geld in seinen Händen. Meinen Kindern gab ich während der Ehe und auch danach alles, was mir nur möglich war. Als ich ihnen aber kein Geld mehr geben konnte, sprachen sie kein Wort mehr mit mir und wendeten sich von mir ab. Aufgrund dieser Erfahrung buddelte ich mein ICH noch tiefer ein.

Ich heiratete einige Jahre später ein weiteres Mal. Diesem zweiten Ehemann legte ich meine Persönlichkeit in die Hände. Ich war willenlos geworden. Er fing an, mich zu schlagen, wenn ich einmal aus Versehen etwas für mich selbst getan hatte. Ich wurde immer unglücklicher und depressiver. Nach zwei Jahren verließ mich auch dieser Mann. Dabei hatte ich ihm doch wirklich alles gegeben! Doch das war auch der Tag, an dem sich alles ändern sollte. Nur wusste ich das zu diesem Zeitpunkt noch nicht.

Ich war so leer, dem Tod näher als dem Leben. Immer wieder tauchten Fragen an mich selbst auf: Wer war ich denn eigentlich? Was hatte mein Leben denn noch für einen Sinn? Ich ging dann irgendwann auf den Balkon und schaute über das Geländer in die Tiefe hinunter. Aber als ich gerade den rechten Fuß darüber setzen und durch den Sprung in die Tiefe mein Leben beenden wollte, sprach eine Stimme zu mir. Sie sagte mir klar, ich solle es doch nicht machen, ich solle nicht springen. "Sieh nach oben!", rief sie mir zu. Ich hielt instinktiv die Stellung, mit einem Bein dem Tod nahe und schaute in die Nacht. Wie lange ich so dort stand, weiß ich heute nicht mehr.

Plötzlich erschien es mir, als würde ein Stern am Himmel anfangen zu blinken. Ich tat es als Einbildung ab. Aber nach einer Weile hatte mich dieses Blinken so sehr in seinen Bann gezogen, dass ich es finden musste! Ich zog mein Bein zurück und stand wieder sicher auf dem Balkon. Schnell ging ich in den Flur, zog eine Jacke an und verließ die Wohnung. Ich huschte durch das Treppenhaus auf den Hof und suchte den blinkenden Stern. Dort vorne war er! Ich sah ihn klar und deutlich und ging in seine Richtung. Auf diesem Weg kam ich an den Mülltonnen vorbei und hörte aus einem der Behälter einen jämmerlichen Ton. Ich hörte genauer hin. Dort, aus der gelben Tonne kam es heraus! Ich öffnete die Tonne und ein Katzenbaby schaute flehend in meine Augen! Ich nahm es heraus und die kleine Katze kuschelte sich dankbar in meine Arme. Sofort durchfloss mich ein warmes, sehr angenehmes Gefühl. Hier war plötzlich ein kleines Wesen, das mich zu lieben schien! Und zwar ganz ohne mein Zutun! Ich nahm dieses kleine Wesen mit in meine Wohnung. Zuerst machte ich überall Licht an und drehte die Heizung auf. Ich gab dem Katzenbaby etwas zu essen und zu trinken. Satt und zufrieden kuschelte es sich bei mir auf dem Schoß ein.

Am nächsten Morgen erwachte ich auf dem Sofa. Hatte ich geträumt? Sofort schaute ich nach dem Katzenbaby. Doch, es war noch da, lag glücklich und zufrieden auf meinem Schoß! Es war also kein Traum gewesen! Voller Freude ging ich los zum Supermarkt, um notwendige Sachen für die Katze zu kaufen. Und zu meinem Erstaunen war die Verkäuferin gar nicht mehr grimmig. Die Kinder auf dem Hof lachten mich an. Selbst der Nachbar grüßte liebenswürdig. Was war nur geschehen? Ich war so voller Glück und konnte es gar nicht fassen. Von nun an veränderte sich mein Leben...

Für mich war es ein Zeichen zu lernen, richtig hinzusehen, mich selbst anzunehmen wie ich bin, eben eine einzigartige Persönlichkeit und mich nicht von den anderen beeinflussen zu lassen. Auch gewann ich die Erkenntnis, dass mich andere Menschen gar nicht lieben können, solange ich mich nicht selbst liebe. Und dass ich liebenswert bin, hatte mir diese kleine Katze gezeigt. Ich übernahm alle Verantwortung für mich und mein Handeln und setzte mich damit auseinander. Egal, was die anderen auch sagten oder dachten. Ich war ICH geworden. Immer noch denke ich dankbar an den blinkenden Stern zurück, der mir den Weg ins Licht gezeigt hatte. Woher er kam und was er war, weiß ich bis heute nicht."

Ich war den Tränen nahe. Zeigte mir doch diese Frau mittleren Alters mit ihrer Geschichte, dass jeder aus dem seelischen Loch heraus kommen kann, wenn er nur will. Alleine oder mit Hilfe anderer Geschöpfe. Ein Licht findet sich immer im Dunkeln, dies muss nicht immer ein leuchtender Stern am Himmel sein. Man muss nur die Augen aufmachen.

Gedicht

Siehst Du es denn nicht,
im Dunkeln das helle Licht?
Fühlen kannst Du es schon,
Du einzigartige Person.

Nun ist`s für Dich an der Zeit,
mach die Augen auf - ganz weit!
Öffne Dein Herz für all die Dinge,
Du wirst finden Deine Sinne!

Sei nicht traurig, wenn´s Dir einsam ist,
allein Du nämlich niemals bist.
Viele Menschen sind um Dich herum;
Sieh Dich einfach um,
mach die Augen auf - ganz weit,
denn nun wird es auch für Dich mal Zeit!

Dein Herz sollst öffnen nur,
dann hast Du Freude pur!

Notizen

Liebe ist der Schlüssel

Jeder Mensch hat sicherlich Erfahrung mit Liebeskummer (siehe auch *Seelenschmerz*). Der eine etwas früher, der andere etwas später, und manche erleben diese Gefühle sogar öfter in ihrem Leben. Über diesen schmerzhaften Kummer wurde bisher viel geschrieben, diskutiert und berichtet. Das wird wohl auch in Zukunft so sein. Der Liebeskummer an sich soll hier jedoch nicht im Mittelpunkt stehen, sondern eine Erkenntnis, die grundsätzlich mit Liebe zu tun hat.

Kummer der Liebe wegen

Zuerst sollte man sich im Klaren darüber sein, dass Liebeskummer nicht nur auf die Beziehung zweier Menschen beschränkt ist. Dieser Kummer kann auch aus grundsätzlichem Mangel an Liebe entstehen. Dabei ist es nicht ausschlaggebend, ob es sich um das Defizit an erhaltener oder gegebener Liebe handelt. Es geht allgemein um den Mangel an Liebe.

Liebe zu beschreiben und zu analysieren, worum es dabei geht, ist wohl noch niemandem gelungen. Klar jedoch ist, dass es sich dabei um eine Gefühlsregung handelt und sie nichts mit Kopfdenken zu tun hat. Wer oder was ist also die Basis für die Liebe? Diese Frage scheint sich leichter beantworten zu lassen. Um anderen Menschen oder auch Tieren Liebe zukommen lassen zu können, muss erst einmal eine Basis geschaffen werden. Und dieser Ausgangspunkt liegt bei einem selbst. Denn ist man nicht in der Lage, sich selbst anzunehmen, wie man ist- also sich selbst zu lieben- wird man wohl kaum andere Wesen lieben können.

Die Basis

Natürlich können wir anderen Liebe vorgaukeln, uns einbilden zu lieben, jedoch wird dies nicht von langer

Dauer sein. Nur wahre Liebe überlebt und diese benötigt eben eine Basis.

Gelingt es uns also, uns selbst so zu akzeptieren, wie wir eben sind, mit allen Stärken und Schwächen und uns selbst zu vertrauen, sind wir auf einem guten Weg. Nur so lernen wir, uns selbst zu lieben, unsere Basis zu schaffen. Dabei sollte man keine Bedingungen oder Erwartungen an sich selbst stellen. Um Eigenliebe zu erlangen, genügt es vollkommen, sich so anzunehmen wie man ist. Individuell und einzigartig. Das ist das ganze Geheimnis der Eigenliebe. Und diese Eigenliebe ist Grundvoraussetzung für die Liebe, die man anderen entgegen bringen will, aber auch selbst empfangen und annehmen möchte.

Saat streuen

Erkennen andere Menschen, dass man den Entwicklungsschritt zur Eigenliebe bewältigt hat, so wird einem auch Liebe entgegen gebracht werden. Ohne Vorbehalte, ohne Beurteilung und Vorurteile. Schließlich signalisiert man dies in seinem Wesen und Verhalten, sowie in seinem Auftreten anderen gegenüber. Es wird einem Vertrauen entgegen gebracht. Sät man also Liebe -basierend auf der Eigenliebe- so wird jeder, der den Mut dazu hat, diese Saat zu streuen, auch Liebe erfahren.

Mit dieser gegenseitigen Liebe ist dann eine weitere zukünftige Basis für diese Welt geschaffen. Kriege, Hass, Neid und Missgunst finden dann in unserem Zusammenleben keinen Nährboden mehr und viele Probleme lösen sich in Luft auf. Das Tor der Liebe steht bereit, um sich zu öffnen. Jedoch gilt es, erst den Schlüssel dazu zu finden. Und der Schlüssel ist: Bei sich und zu sich selbst die Liebe finden, um diese dann weiter geben zu können.

Helmut, ein Beispiel

Helmut, 39 Jahre, körperlich etwas untersetzt, trug solch ein Liebesmangel-Problem jahrelang mit sich herum. Einen Großteil seines bisherigen Lebens hatte er Probleme, das Wort „Liebe" überhaupt auszusprechen. Wobei es sich bei der Liebe handelt, war ihm bis dato unbekannt.

Schon in seiner Kindheit wurde ihm die elterliche Liebe verweigert. Helmut ist ein Einzelkind. Sein Vater ging innerhalb der Ehe mehr oder weniger seinen eigenen Weg. Er arbeitete sehr viel und in der Freizeit kümmerte er sich lieber um seine persönlichen Belange, als um die Verantwortung seiner kleinen Familie gegenüber. Helmuts Mama liebte ihren Sohn, war jedoch durch ihre eigenen Erlebnisse in der Vergangenheit nicht in der Lage, Helmut diese Liebe zu zeigen oder spüren zu lassen.

In dieser lieblosen Zeit passte sich Helmut den Gegebenheiten an und wuchs mit diesem Mangel auf, ohne zu wissen, worauf er verzichten musste. Er reifte heran, absolvierte eine Ausbildung zum Kaufmann, bildete sich weiter und gründete ein Einzelhandelsgeschäft. Das Unternehmen lief gut, die Umsatzzahlen passten, materialistischer Reichtum stellte sich ein und jeder achtete den erfolgreichen Geschäftsmann.

Glücklich war Helmut jedoch zu keiner Zeit. Selbst seine Ehefrau schaffte es nicht, ihm das Gefühl von Liebe zu geben. Helmuts Erlebnisse in der Vergangenheit hatten ihn geprägt. Zwar achteten die anderen Leute seinen beruflichen Erfolg, aber als Mensch hatte er keinen besonders guten Ruf. Er galt als eiskalter, arroganter und von sich selbst überzeugter Geschäftsmann, mit dem man sich besser nicht anlegt. So blieb es nicht aus, dass er einsam wurde - erfolgreich, aber sehr einsam. Er zog sich in seine Ge-

31

schäftswelt zurück und agierte nur noch in diesem Bereich.

Wieder einmal saß Helmut an seinem Büroschreibtisch und durchforstete seine Geschäftsbriefe. Die Sonne schien durch das geschlossene Fenster. Alles war wie immer, wie gewohnt. Er hatte Ruhe und arbeitete. Nach einiger Zeit bemerkte er, dass sich in den Büroräumen stickige Luft angesammelt hatte und er ging zum Fenster, um durchzulüften.
„Ein herrlicher Anblick!", dachte Helmut beim Öffnen des Fensters und meinte dabei nicht etwa das schöne Wetter, sondern die Masse der Autos auf seinem firmeneigenen Kundenparkplatz, direkt vor seinem Büro. Bedeutete doch jedes Fahrzeug mindestens einen Kunden in seinem Laden und dieser wiederum brachte Umsatz in seine Kasse.

Er genoss diesen Augenblick sehr, als er plötzlich Kinder hörte, welche lebhaft auf dem Parkplatz in der Nähe von einem großen blauen Auto herumtollten. Es waren ein Mädchen und ein Junge mit ihren Eltern. Diese Familie räumte gerade die in Helmuts Laden gekauften Lebensmittel in den Wagenkofferraum. Er beobachtete die Familie und bemerkte dabei, wie liebevoll Papa und Mama mit den Kindern umgingen und diese ganz offensichtlich die Liebe ihrer Eltern erwiderten. Das kleine Mädchen heftete sich an Muttis Bein und schien mit ihm verwachsen. Vater und Sohn konnten es nicht erwarten und begutachteten noch vor Helmuts Kaufhaus das neu erworbene kleine, fernsteuerbare Flugzeug. Nach einiger Zeit hatte Quartett alle Artikel in das Auto geladen, der Modellflieger befand sich ebenfalls im Kofferraum und das Auto mit den vier Insassen fuhr vom Parkplatz.

Helmut stand noch immer am Fenster und dachte nach. Diese Familie hatte bei ihm etwas ausgelöst. Er fühlte sich leer und arm, obwohl er doch an materialistischen Werten alles besaß, was er wollte. Er empfand seine Einsamkeit nun so intensiv, dass ihm Tränen über seine Wangen liefen. Helmut hatte Schmerzen, seelische Schmerzen. Alte Wunden brachen auf und zum ersten Mal wurde ihm klar, was er vermisste. Er hatte solch eine Liebe, wie sie diese Familie auf dem Parkplatz untereinander vermittelte, noch nie erfahren.

Helmut ging an seinen Schreibtisch zurück, sammelte seine Gedanken und stürzte sich wieder auf die Arbeit. Nichts gelang ihm in dieser Phase, er fand keinen Weg mehr, sich zu konzentrieren. Zu lebendig war das Gefühl, das ihn am Fenster ergriffen hatte.
Nach einiger Zeit legte er alle seine Geschäftsunterlagen beiseite, lehnte sich in seinem Chefsessel zurück, kaute nervös an seinem hochwertigen Kugelschreiber und begann über sich und sein Leben nachzudenken. Er begann eine Reise zu sich selbst (siehe auch „Die Reise zu Dir").

Kritisch betrachtete er sein bisheriges Leben, seine angeblichen Freundschaften, seine Einstellung zu anderen Menschen und seine gelebte Kindheit. Inzwischen waren Stunden vergangen und unüblicher Weise störte ihn in dieser Zeit auch kein Angestellter mit irgendwelchen Fragen. Helmut war mit sich ganz alleine. Und er nutzte diese Zeit, um sich mit sich selbst zu beschäftigen, immer mehr und immer tiefer gehend. Er erkannte seine Defizite und Fehler in der Vergangenheit.

Plötzlich, als der Schmerz in seiner Seele fast unerträglich wurde, fand Helmut die Antwort: Liebe! Er hatte Mangel an Liebe! Dies war seine Erkenntnis. Jedoch - „Wie Liebe bekommen? Wie Liebe geben können?" schoss es ihm durch den Kopf. Er forschte in sich weiter und irgendwann, nach längerer Zeit, be-
33

kam er auch hier die richtige Antwort. „Natürlich!" Helmut sprang aus seinem Sessel und redete offen zu sich selbst weiter. „Ich muss mich zuerst einmal selber annehmen, so wie ich bin. Mit all meinen Stärken und Schwächen. Meine Vergangenheit ist nicht mehr veränderbar, aber die darin gemachten Erfahrungen kann ich für die Zukunft verwenden, um vieles anders zu bewerkstelligen. Meine Vergangenheit ist also ein Teil von mir, welche ich annehmen soll. Ich werde mich so nehmen wie ich bin, werde nun mein wirkliches ICH nach außen lassen und den künstlich aufgebauten Schutz, begründet durch die mangelnde Eigenliebe in meiner Vergangenheit, aufgeben und genau dieses ICH, mein ICH, also mich…. heraus lassen!"

Helmut merkte die Erleichterung, der Schmerz war weg und in seinen Gedanken sprudelten nur noch positive Energien. „Eigenliebe, mich selbst zu lieben, das ist der Schlüssel, nur so bin ich in der Lage, Liebe zu erfahren und Liebe zu geben", war er überzeugt. Er arbeitete mental an sich, bis tief in die Nacht hinein. Seine Kraft dazu schien nicht zu schwinden, immer wieder erreichten ihn neue Gefühle und Ideen, was er nun in seinem Leben ändern werde. Irgendwann schlief er auf seinem Bürostuhl sitzend ein und frühmorgens weckte ihn ein warmer Sonnenstrahl wieder auf. Er blickte sich um, hörte wieder in sich hinein und bemerkte freudestrahlend, dass er sich sehr gut fühlte. Alles, was er in dieser Nacht an sich und mit sich selbst erarbeitet hatte, war noch da. Nun war es an der Zeit, die Vorsätze in die Tat umzusetzen!

Helmut machte sich frisch und ging in die Verkaufshalle seines Unternehmens. Dort waren alle Mitarbeiter bereits wieder im Einsatz. Helmut bewegte sich mit einem Lächeln durch die Verkaufsgänge und begrüßte offenherzig seine Mitarbeiter und Kunden. Die Kollegen staunten nicht schlecht, als sie diese Veränderung bei ihrem Chef bemerkten, der bisher immer kalt und unnahbar war. Im Laufe der Wochen änderte Helmut sein bisheriges Verhalten zu seinen Kollegen und gab ihnen das Gefühl, als gleichwertige Menschen von ihm akzeptiert zu werden. Er wusste jetzt aufgrund der intensiven Arbeit mit sich selbst, dass jeder eine einzigartige Persönlichkeit hatte und war bemüht, sich darauf einzustellen. Es brauchte Monate, bis die Mitarbeiter der Veränderung ihres Chefs vertrauten. Doch Tag für Tag schmolz das jahrelang aufgebaute Eis zwischen der Führung und den Mitarbeitern immer mehr. Die Zusammenarbeit machte wieder Spaß und noch mehr Erfolg stellte sich nach einigen betrieblichen Veränderungen ein.

Natürlich setzte Helmut die neue Richtung auch im privaten Bereich um. Hier bot sich ein ähnliches Bild. Viele Freunde und Verwandte trauten dem neuen Verhalten Helmuts nicht, doch auch hier erkannten die meisten, dass dies alles von seinem Innersten kam und freuten sich mit ihm. Sie nahmen diese Entwicklung dankbar an. Einige kamen mit Helmuts neu gestaltetem Leben aber nicht zurecht und verließen seinen Weg. Doch durch seine liebevolle Einstellung zog Helmut nun Menschen an, welche einen ähnlichen Lernprozess wie er durchgemacht hatten und diese Individuen fühlten sich in der Gesellschaft von Helmut äußerst wohl.

Helmuts Ehefrau bemerkte als eine der ersten seine Veränderung. Sie erkannte bereits nach wenigen Tagen, dass er begonnen hatte, sich endlich selbst zu lieben und auch sie diese Liebe spüren zu lassen. Ihre bereits entschiedene Absicht, sich von Helmut scheiden zu lassen, begrub sie schon nach kurzer Zeit und hat es bis heute nicht bereut. Denn beide, Helmut und seine Ehefrau Rita, erlebten nun wahre Liebe. Durch

35

sein liebevolles Verhalten bekam Helmut auch in der Gesellschaft ein viel höheres Ansehen.

Und Helmut? Er war nun endlich glücklich geworden!

Das Gedicht

Liebe ist ein Geschenk,
nach ihr sich jede Seele sehnt.
Egal wo Du auch lebst,
durch Liebe Dein Leben hebst!

Wallung erzeugt sie bei jedem Wesen,
dies ist immer so gewesen,
manch einer hat die Liebe vergraben,
deshalb wird er verzagen!
Doch erlebt er sich selbst,
die Liebe wieder Einzug hält!

D`rum denke einmal nach,
die Liebe, sie liegt so brach,
nur Du bestimmst, ob sie kommt zu Dir,
wenn Du sie säst, dann ist sie hier.

Zu spät ist es zu keiner Zeit,
fühl die Liebe, sie ist nicht weit,
schenk Liebe Deinem Leben,

so kannst sie jedem geben!
Deine Seele vor Glück erbeben,
Du wirst es erleben!

Liebe ist der Schlüssel zur Welt,
sie alle Türen offen hält,
Kraft für Dein Leben wird sie wecken,
jeden Mangel abdecken.
Habe zur Liebe Vertrauen,
und Deine Seele wird nach vorne schauen!

Notizen

Die Reise zu Dir

In der heutigen Gesellschaft sind das Selbstwertgefühl und die Selbstsicherheit bei vielen Menschen nur noch wenig ausgeprägt. Man zweifelt an seinen Fähigkeiten, hat Angst, Entscheidungen zu treffen und scheut die Konfrontation mit anderen Menschen.
Die kleinsten Dinge werden zur Qual. Schon allein der Gang zum Einkaufen kann zur Tortur werden. Menschen, die das betrifft, sehen nur einen Ausweg, - sich zu Hause in den eigenen vier Wänden zu verbarrikadieren, ja sich sogar von der Umwelt zu isolieren.

Spricht man mit den Betroffenen, können sie die Frage, warum sie sich so verhalten, in den meisten Fällen gar nicht beantworten. „Es war plötzlich so. Ich erkannte zwar Ansätze, dass es mir immer schlechter geht, konnte aber nicht mehr gegensteuern", ist die Antwort. Dass irgendetwas im bisherigen Leben schief gelaufen war, erkannten zwar alle. Nur was es dann genau war, können nur Einzelne beantworten.

Meist liegt die Ursache bei einem selbst! Hat man anderen Menschen zuviel Macht über sich gegeben? Nimmt der Betroffene alles zu persönlich? Vertraut dieser Mensch seinen eigenen Empfindungen am allerwenigsten? All diese Fragen können Antworten herbeiführen, aber: bringen diese Antworten auch Lösungen und zeigen sie neue Wege auf?

Bestimmt sind diese Fragestellungen Möglichkeiten, dem Übel, der Ursache für das mangelnde Selbstwertgefühl und der fehlenden Selbstsicherheit auf die Schliche zu kommen. Nur- einen Weg, um aus diesem Dilemma zu entkommen, bieten sie eher nicht. In dieser Situation sollte man beginnen, sich mit seiner eigenen Person auseinander zu setzen. Es empfiehlt sich eine Reise zu unternehmen, **eine Reise zu sich selbst, eine Reise zu Dir.** Dabei ist es sehr wichtig, zu sich vollkommen ehrlich zu sein, sich kritisch, aber nicht verurteilend seiner Situation zu stellen.

Als erster Schritt wäre es sinnvoll, seine Vergangenheit zu betrachten. Allerdings nicht als Verursacher des momentanen Zustandes, sondern als Ratgeber für die Zukunft! Denn diese vergangene Phase liefert wichtige Informationen und Erfahrungen, die für den zukünftigen Lebensabschnitt von großer Bedeutung sind.

Beim Betrachten der Vergangenheit solltest Du Dich auf die persönlichen Eigenheiten, Verhaltensformen und Überzeugungen konzentrieren. Hast Du damals Aktivitäten unternommen, die Dir eher geschadet als genützt haben? Bist Du „faule" Kompromisse eingegangen? Wurde zuviel auf andere gehört und hast Du auch noch deren Meinung übernommen? So oder ähnlich können diese Fragen an sich selbst formuliert und neue Wege gefunden werden. Du musst Dich nicht auf isolierte Fragen beschränken, da Du sicherlich im Laufe dieses Lernprozesses noch viele weitere Dinge entdeckst, die gerne beantwortet werden sollten.

Aber woher kommen die Antworten? Die Antworten trägt jeder in sich! Man muss die Fragen nur **an sich selbst** stellen! Bestimmt werden auch Antworten auftauchen, welche einem nicht so ganz zusagen und vielleicht sogar schmerzen. Genau diese Antworten gilt es dann zu bearbeiten und das darin Erkannte gegebenenfalls in der Zukunft zu verändern bzw. anders zu machen.

Erkennst Du bei der Reise zu Dir also schmerzlich, dass in der Vergangenheit gewisse Verhaltensweisen an der Tagesordnung waren, mit denen Du Dich heute nicht mehr identifizieren kannst und willst, so solltest Du nicht so hart mit Dir ins Gericht gehen und Dich dafür auf keinen Fall schämen oder gar verurteilen. Schließlich hast Du es zum damaligen Zeitpunkt für richtig empfunden.

Vielmehr sollte die Erkenntnis durch die Vergangenheitsbearbeitung genutzt werden, um eben diese Verhaltensmuster von damals zu überdenken und für zukünftige Aktivitäten in den einzelnen Bereichen zu ändern. Entschließt Du Dich dann anhand der gewonnenen Erkenntnisse einen neuen Weg zu gehen, ist sehr schnell zu erkennen, dass der selbst verursachte Druck von Dir weicht. Neue Möglichkeiten der Weiterentwicklung stellen sich ein, neue Energie für Dein weiteres Leben wird geschöpft. Durch die Veränderung und die neuen Perspektiven bist Du wieder bereit, auf das Leben - Dein Leben! - mit offenen Armen zuzugehen.

Jedoch solltest Du den größten Druck dabei auch ausschalten. Nämlich den Druck, es solle sich nun bitteschön alles von einer Stunde auf die andere ändern. Alles braucht seine Zeit! Zum richtigen Zeitpunkt werden die Veränderung und das neu Erkannte umsetzbar sein. Auch dies hat einen Sinn. Du lernst geduldig (siehe auch „Geduld") zu sein. Die ersten Schritte sind jedenfalls getan. Zunächst den Mut aufzubringen, Dich mit Dir selbst auseinander zu setzen um dann Veränderungen herbeiführen zu wollen.

Ein weiterer Schritt, nun die Erkenntnisse umzusetzen, ist der nächste Erfolg. Jetzt gilt es, den Weg Schritt für Schritt, einen nach dem anderen, weiter zu gehen und dabei unbedingt darauf achten, die Schrittreihenfolge einzuhalten! Also nicht den zehnten Schritt vor dem fünften zu machen. Das würde unweigerlich zur „Bauchlandung" führen. Nur „Stepp for Stepp" wird das Ziel erreicht, wieder in seine seelische Mitte zu gelangen.

Eine Frau erzählt mir dazu ihre Geschichte

„Seit Tagen hatte ich mich wieder einmal in meiner Wohnung verkrochen. Mein Tagesablauf bestand darin, dass ich so gegen Mittag aus dem Bett schlich, die Morgentoilette erledigte und mich dann vor den Fernseher setzte. Jeden Tag zur selben Zeit verspürte ich ein Hungergefühl, das nach Befriedigung rief. Ich war zu faul, um mir etwas zu kochen und ernährte mich deshalb von kalten Speisen aus der Konserve. Danach ging ich wieder zu meinem Sofa, schaltete das TV-Gerät ein und flüchtete mich in die dort dargebotene Scheinwelt. So vergingen all die wertvollen Stunden des Tages und die der Nächte ebenfalls. Immer das Gleiche, Stunde für Stunde, Tag für Tag.

Eines Tages öffnete ich wieder einmal den Kühlschrank und suchte nach etwas Essbarem. Ich fand aber nichts mehr. Irgendetwas musste doch noch da drin sein! Nein, der Kühlschrank war mittlerweile leer. Nun kam das Unvermeidbare! Ich musste zum Kaufmann, ich musste aus der Wohnung heraus! Meine ersten Gedanken waren, dass ich auf dem Weg dorthin hoffentlich niemanden treffen würde, den ich kenne.

Sollte ich lieber den Wagen nehmen und in den Nachbarort fahren? Oder zum Laden um die Ecke gehen? So schoss es mir durch den Kopf. Egal, ich musste los, ich hatte Hunger und wählte den kürzesten Weg zum Geschäft in unmittelbarer Nähe meiner Wohnung. Doch schon beim Verlassen meiner vertrauten Umgebung hatte ich Angst, in irgendeiner Weise aufzufallen.

Mit leicht gebückter Haltung schlich ich raus aus dem Gebäude, den Blick krampfhaft auf den Bürgersteig haltend. Im Laden angekommen, sammelte ch aus den Regalen rasch alles ein, was ich so brauchte - lieber etwas mehr, damit ich nicht so schnell wieder los musste um neues zu kaufen.

An der Kasse war eine lange Schlange von Menschen, die auf das Abrechnen mit der Kassiererin warteten. Ohje, jetzt musste ich also auch noch in der Menschenmenge warten! Krampfhaft beschäftigte ich mich mit meinen Lebensmitteln im Einkaufswagen, räumte sie im Wagen hin und her und tat so, als überlegte ich, ob ich nicht doch noch etwas vergessen hätte. Meine Angst war, dass mich irgendjemand ansprechen könnte.

Endlich war ich an der Reihe: Ich legte meine Waren auf das Förderband an der Kasse und dachte nur daran, dass ich es gleich geschafft hatte, hier wieder raus zu kommen, um dann in meine für mich sichere Wohnung zurückzukehren. Beim Bezahlen fiel mir das Portemonaie vor lauter Aufregung aus der Hand. „Ach du lieber Gott", dachte ich, „wie peinlich!" Ich hob es auf, die Kassiererin rechnete die Waren mit mir ab und ich packte meine Güter so schnell wie möglich zusammen und ging schnurstracks nach Hause.

Endlich, ich war wieder Zuhause! Eilig steckte ich den Wohnungsschlüssel in das Schloss, öffnete die Tür und hastete in meinen Wohnungsflur. Die Eingangstür hatte ich innerhalb weniger Sekunden geschlossen. Ich atmete auf und wünschte mir, nie wieder aus meiner Wohnung gehen zu müssen, denn ich bildete mir ein, dass mir a l l e Menschen bisher immer nur Böses gewollt hatten. Sie würden mich auslachen und auf meinen Gefühlen herumtrampeln.

Plötzlich schoss mir die erste selbstkritische Frage seit Wochen durch den Kopf. Alle? Waren es wirklich alle gewesen? Ich fing an zu überlegen, während ich meinen Einkauf verstaute. Nein, es waren nicht alle. Da gab es doch damals diese nette Nachbarin. „Ob sie überhaupt noch nebenan wohnt?", schoss es mir durch den Kopf. Aber da erinnerte ich mich, dass ich sie durch ein geöffnetes Fenster erst gestern telefonieren gehört hatte. Doch gesehen hatte ich sie leider schon sehr lange nicht mehr. Gab es also doch noch nette Menschen auf der Welt? Ich konnte es eigentlich nicht mehr glauben!

Ach was! Nein! Ich streifte diesen, für mich unsinnigen Gedanken von mir und ging nach langer Zeit wieder einmal an meinen Computer, um ein wenig im Internet zu surfen.
Während der Computer in Aktion geriet, schälte ich mir eine frische Banane und gerade als ich hinein beißen wollte, tat sich auf meinem Bildschirm ein Werbefenster auf. Pop! Ich wollte es gerade wegklicken, als ich über die ersten Worte der Werbeanzeige stolperte: „Machen Sie doch einmal eine Reise, die nicht viel kostet, aber ganz viel gibt. Reisen Sie doch einmal zu sich selbst!" stand dort geschrieben.

Ich fragte mich: „Ich soll zu mir selbst reisen? Was soll denn das heißen? Das geht doch gar nicht!" Schon sprang die nächste Zeile in mein Blickfeld: „Sie möchten wissen, wie das geht? Dann klicken Sie doch einmal hier!" Normalerweise klickte ich nie auf Werbung, aber diese Mal konnte ich nicht anders. Was ich auf der nächsten Seite las, sollte mein Leben verändern. Eine Reihe von Fragen, mit denen ich mich in der Vergangenheit noch nie beschäftigt hatte, war dort aufgelistet. Und instinktiv wusste ich, dass ich mir eben diese Fragen stellen musste. Ja, es war wie ein innerer Zwang!

So las ich also aufmerksam die vor mir stehenden Zeilen. Ich bemerkte sehr schnell, dass es für mich wichtig war, Antworten darauf zu finden. Und ich fand die passenden- tief in mir, tief in meinem Inneren, tief in meinem Herzen. Plötzlich, ganz so als hätte ich all die Antworten schon Jahre lang in mir getragen, kam die Gewissheit auf, dass eben diese Antworten mein Leben verändern würden. Ich wusste aber auch, dass es noch eine Zeit dauern würde, diese Ergebnisse umzusetzen.

Trotzdem sah ich schon die positiven Auswirkungen vor meinem geistigen Auge.
Wenn ich den Weg der Selbsterkenntnis gehen würde, könnte ich endlich mit viel Selbstvertrauen auf andere Menschen zugehen und Freude am Umgang mit anderen empfinden. Und dies wäre nur der Anfang meiner Weiterentwicklung. Ich würde endlich erfahren, wer ich selbst bin! Mein Leben würde endlich so werden, wie ich es mir immer erträumt hatte!

Voller Glück druckte ich mir also die Fragen aus und fing meine ganz spezielle Reise zu mir selbst an. Und ich freute mich auf das Ziel, obwohl ich ahnte, dass ich eine turbulente Reise vor mir hatte, sicherlich spannend und schmerzhaft zugleich! Aber das Ziel war es wert, los zu marschieren. Schließlich würde es ja auch Zwischenstationen geben, an denen ich mich ausruhen konnte."

Voller Spannung hatte ich dieser Geschichte zugehört. Für mich war das Resultat klar erkennbar, denn mir saß eine selbstbewusste, sehr starke Frau gegenüber. Dieser Mensch hatte nichts mehr mit der Person zu tun, welche sich in ihren eigenen vier Wänden verkroch.
Bleibt nur noch zu klären, wie die Fragen formuliert waren!

45

Nun, sie sind für jeden Menschen individuell gestaltet. Beginnt man allerdings mit der Frage „Was will ich?", ist man bereits mitten auf der Reise zu sich selbst. Hat man dann geklärt, was man will, so kann man nahtlos in die nächste Fragestellung übergehen. Es ist anzunehmen, dass jeder Mensch glücklich sein will. Nehmen wir also dieses Beispiel zur Veranschaulichung her:

Frage: Was will ich?
Antwort: „Ich will glücklich sein",

ist meist die erste von vielen Antworten. Das reicht aber nicht aus, um einen neuen Weg zu finden!

Deshalb die nächsten Fragen:
Wie kann ich erreichen, dass ich glücklich werde?
Was kann ich dafür tun, um glücklich zu sein?
Wer kann mir dabei helfen, glücklich zu sein?
Wann ist der beste Zeitpunkt dafür?

Auch hier werden sich wieder neue Antworten einstellen. Sind diese nicht zufrieden stellend, erweitert man die Fragestellung. Zum Beispiel:

Frage: Was will ich?
Antwort: Ich will glücklich sein.
Frage: **Wie** kann ich erreichen, dass ich glücklich werde?
Antwort: Durch Selbstwertschätzung
Weitere Antwort: Durch Eigenliebe.
Reichen diese Antworten noch immer nicht aus, um den Weg zu erkennen, sollte man die Fragestellung immer wiederholen, bis er sich abzeichnet. Also auf jede Antwort immer wieder die Fragen „Wie? Was? Wer? Wann?" einsetzen, um dann am Ende die optimale Antwort zu erhalten und den neuen Weg zu finden.

Hier ist dieses System etwas anders dargestellt:
Frage: „Was will ich?"
Antwort: „Ich will glücklich sein!"

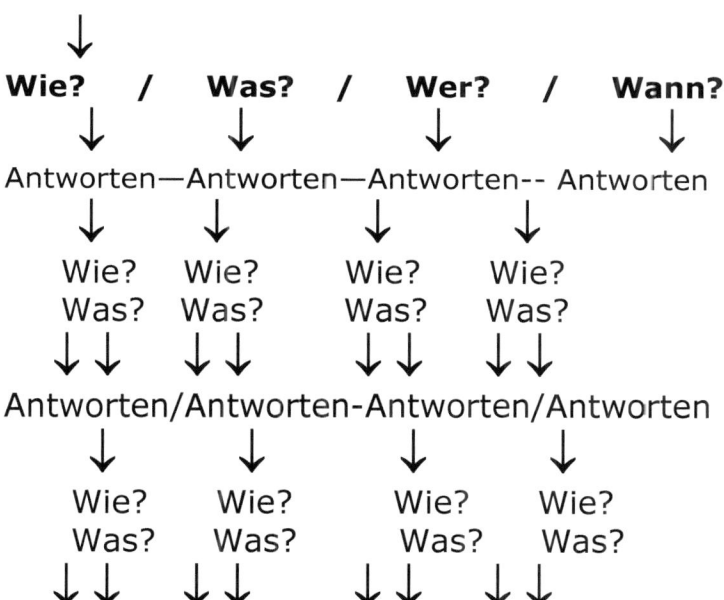

und so weiter und so weiter. Bis irgendwann die befriedigende und durchführbare Antwort – der Weg klar
und deutlich- erscheint.

Bei der Wiederholung kannst Du auf die Fragen
„Wer?" und „Wann?" verzichten.
Hier würden immer dieselben Antworten kommen, die
da heissen:
Ich selbst und zum richtigen Zeitpunkt

Wichtig: Nur ehrlich, ehrlich zu Dir selbst, solltest Du
bei der Beantwortung der Fragen sein!
Denn Selbstbetrug bringt Dich nicht weiter!

Zusammenfassend sage ich: Hast Du den Mut, Dich mit Dir selbst auseinander zu setzen, mit Deinem ICH, wirst Du mit Hilfe der vorangegangenen Fragestellungen Wege finden, um Dein Leben wieder lebenswert zu machen und eine positivere Lebensqualität erreichen

Hier noch eine leichtere Übersicht:
Frage: Was will ich?   *Antwort:* Ich will glücklich sein

WIE
erreiche ich, dass ich glücklich werde?
Antworten:
- durch Eigenliebe
- durch Selbstwertschätzung
- ....

WAS muss ich dafür tun?
Antworten:
- aktiv werden
- mir selbst vertrauen
- ....

WER kann mir dabei helfen?
Antworten:
- Freunde/Bekannte
- Eltern/ Ärzte
- ....
- aber vor allem ICH selbst

WANN kann ich glücklich sein?
Antworten:
- zum richtigen Zeitpunkt werde ich glücklich sein

(……..) bedeutet: Hier werden sicher noch viele indivi-
duelle Antworten von Dir stehen.

Die Antworten reichen noch nicht aus?
Dann frage/arbeite weiter:

WIE erreiche ich, Eigenliebe?
Antworten:
-in dem ich in mich gehe, in mich hinein höre
-………………………………………………………

WIE lerne ich Selbstwertschätzung?
Antworten:
-durch Anerkennung meiner bisherigen Leistungen
-………………………………………………………

WIE werde ich aktiv?
Antworten:
-durch suchen nach neuen Herausforderungen
-………………………………………………………

WIE vertraue ich mir selbst?
Antworten:
-in dem ich meine Zweifel auflöse
-……………………………… …..

WAS
-kann ich tun um Eigenliebe
  zu erreichen?
-kann ich für meinen Selbstwert machen?
-kann ich umsetzen damit ich aktiv bin?
-schafft mir Vertrauen?

………………………………

**Noch immer nicht die richtige Antwort für Dich
gefunden?**
Dann setze hinter jeder Deiner **einzelnen** Antworten
wieder die Fragestellungen WIE und WAS ein. Immer
wieder auf jede einzelne Antwort bis Du **Deine** Antwort gefunden hast, nach der Du leben willst.

Gedicht

Gehe hin und mache eine Reise!
Reise auf andere Weise,
begib Dich zu Dir hinein,
Erfüllung wird Dein Ziel nun sein.
Vieles wirst Du neu entdecken,
verborgen in all Deinen Ecken.

Die Reise führt durch Berg und Tal,
entdeckst Dich neu auf's erste Mal.
Begegnen wird Dir Schmerz und Trauer,
doch dies ist nicht von langer Dauer,
intensiv wirst es bestimmt erleben,
diese Erfahrung wird Gott Dir geben!

Doch schnell wirst es erkennen,
und alles beim Namen nennen!
Ab hier ist der Druck entwichen,
hast Deine Seele angeglichen.

Sie ist nun klar und rein,
so wirst auch Du nun immer sein!
Neu wirst alles betrachten,
auch andere Seelen achten.
Dein Gefühl, DU, bist nun inmitten,
brauchst um Hilfe nur noch bitten.

Geholfen wird Dir fortan immer werden,

Du bist Teil von Gott auf Erden.
Die Reise zu Dir hinein
wird ein Anfang sein!
Der Start ins neue Leben,
Dein Weg dazu ist nun eben,
und wenn das Gefühl mal wird ganz leise,
begib Dich wieder auf diese Reise.

Notizen

Höre hinein

In einigen Lebenslagen steckt man in einer vermeintlichen Sackgasse. Es stehen Entscheidungen an, Probleme sollen gelöst werden oder Situationen bedürfen einer Analyse.
In diesen Lebensphasen erscheint es manchmal schwierig, die richtigen Wege zu finden.
Unweigerlich entstehen Fragen an sich selbst: Werden die anderen mein Verhalten nachvollziehen können, was erwarten andere von mir?

Schnell geschieht es dann, dass man seine Richtung nach der Meinung anderer Menschen auslotet- eben um diese Fragen für sch und andere als annehmbar zu beantworten. Viele übersehen aber dabei, dass sich das erzielte Ergebnis dann nicht nach den eigenen Bedürfnissen ausrichtet, sondern nach den Vorgaben und Erwartungen von anderen.
So wird man dann mit den Resultaten nie zufrieden sein, wurde doch äußeren Einflüssen eine tragende Rolle beigemessen und das Ergebnis nicht aus eigener Überzeugung herbeigeführt. Der Entscheidungsträger ist nun mit dem eingeschlagenen Weg unzufrieden, unglücklich mit der erarbeiteten Lösung und traurig über die neu entstandene Situation.

Die Quelle liegt in uns
Sobald der Betroffene beginnt, alles noch einmal neu zu überarbeiten, dabei auf sein eigenes Gefühl und somit auf sich selbst zu hören, wird er erkennen, dass nichts wichtiger und erfüllender ist, als ein Ergebnis zu erzielen, mit dem man sich zu hundert Prozent identifizieren kann. Und dieses Ergebnis entsteht in jedem Einzelnen selbst, denn die Quelle für dieses Ergebnis liegt in uns! Hört man also in sich hinein, was einem das eigene Gefühl sagt, unabhängig was andere tun,

erwarten oder von sich geben. So kann man sicher sein, den richtigen Ratgeber gefunden zu haben.

Negatives und positives Gefühl
Das eigene Gefühl ist die ehrliche Grundlage des Lebens. Es ist Ratgeber, Informant und Motivator. Hierbei sollte man lernen zu unterscheiden, welche Arten von diesen Gefühlen es gibt. Zum einen gibt es das negativ ausgerichtete Gefühl. Befasst man sich also mit einer Angelegenheit, die bei dem Betroffenen Unbehagen, Unwohlsein, Ablehnung oder ähnliches auslöst, so kann er davon ausgehen, dass dies nicht der richtige Weg für ihn sein wird. Die zweite Möglichkeit ist das positive Gefühl. Ereilt einen bei der angestrebten Variante ein Gefühl der Freude und/oder des Wohlbefindens, so ist dies ein Weg, den man beschreiten sollte. Er wird Zufriedenheit und Ausgeglichenheit bringen.

Kopfdenken oder Gefühl?
Viele, die diese Methode anwenden, wundern sich, dass sie trotzdem gegenteilige oder verschiedenartige Empfindungen verspüren. Dies liegt meist daran, dass diese Menschen den Unterschied zwischen dem Kopfdenken und dem wahren inneren Gefühl noch nicht erkannt haben. Jeden Menschen ereilen im Bezug auf eine einzige Angelegenheit eine enorme Flut an Gefühlen. Wie soll man da erkennen, was denn nun das richtige Gefühl, der zuverlässige Ratgeber ist?

Wichtig dabei ist darauf zu achten, was das erste Gefühl ist oder besser war. Das allererste Gefühl, das einen erreicht, sobald man sich mit einer bestimmten Angelegenheit auseinander setzt, ist der bedeutsamste Hinweis. Alle nachfolgenden Emotionen und Einflüsse werden nicht vom Innersten des Menschen ausgesendet, sondern sind auf reines Kopfdenken zurück zu führen.

Das allererste Gefühl

Hierzu ein Beispiel, das ich in meinen Sitzungen immer wieder gerne verwende:

Stelle Dir vor, Du sitzt an Deinem Wohnzimmertisch und blätterst die Tageszeitung durch. Blatt für Blatt, Artikel für Artikel. Plötzlich befindest Du Dich auf der Seite mit den Kinowerbeanzeigen. Du siehst Dir das Programm an und ca fällt Dir ein neu in die Kinos gekommener Film auf. Anhand der Aufmachung dieses Inserates ereilt Dich ein freudiges Gefühl und Du weißt: „Diesen Film will ich sehen!".

Voller Freude beginnst Du den Begleittext zur Anzeige, den Inhalt des Filmes betreffend, zu lesen. Im Laufe des Lesens bemerkst Du folgende Dinge: Der Eintrittspreis erscheint überhöht, die Aufführungszeit ist viel zu spät angesetzt und der Aufführungsort ist zu weit von Deinem Heimatort entfernt. Du entschließt Dich deshalb, diesen Film nun doch nicht sehen zu wollen.

Was ist passiert? Du hast nicht auf Dein **allererstes** Gefühl gehört, nämlich auf das Empfinden „Diesen Film will ich sehen". Du gabst Deinem Kopfdenken die Macht, Dir das freudige Erlebnis negativ darzustellen und deshalb von Deinem Vorhaben abzuweichen. Die Folge daraus ist, dass Du Dich um eine schöne Zeit im Kino gebracht hast. Eine Zeit, in der Du Dich wohl gefühlt und Kraft und Energie für Dich selbst geschöpft hättest. All das hat Dein Kopfdenken zerstört!

Du hast leider die Alternative übersehen. Wenn der Eintrittspreis zu hoch ist und Du den Film trotzdem sehen wolltest, so würde die Möglichkeit bestehen, diesen Betrag auf unterschiedliche Art zu sparen. Der Aufführungszeitpunkt erscheint vielleicht zu spät, aber organisiert man den Kinobesuch so, dass man ihn auf

55

einen Abend legt, an dem man es sich leisten kann auch etwas später zu Bett gehen zu können, dürfte dieses Hindernis auch aus der Welt geschafft sein. Und die Entfernung ist leichter zu überwinden, wenn man Freunde oder Freundinnen für ein Mitfahren begeistern kann.

Selbstverständlich kann das **allererste** Gefühl auch einen warnenden Hintergrund haben. Fühlst Du Dich bei einer Sache schlecht, solltest Du zumindest sehr vorsichtig sein und genauestens prüfen, was der erste Schritt zur Folge haben könnte. Denn dieses Unbehagen, das Du dadurch in Dir trägst, ist von warnender Natur und sagt aus, dass diese Sache, die Du vor Dir hast, so für Dich auf Dauer nicht tragbar sein wird.

Lerne also, den Unterschied zwischen dem **allerersten** Gefühl und dem darauf unmittelbar folgenden Kopfdenken zu erkennen und auf das **erste** Gefühl zu achten. So bist Du vor jeglicher Überraschung gesichert. Leistest Du diesem primären Gefühl Folge, dann bist Du auf der sicheren Seite, für Dich etwas in Bewegung zu setzen, mit dem Du Dich absolut identifizieren kannst. Daraus entsteht dann eine Sicherheit für Dich, bei der Du auf die Einflussnahme von außen nicht mehr angewiesen oder abhängig bist. Voraussetzung hierfür ist, dass Du in Dich hinein hörst, Dir selbst Vertrauen schenkst und den Einflüssen von außen nur die Wichtigkeit zugestehst, die diese auch verdienen.

Wie vorteilhaft es sich entwickeln kann, wenn man lernt, auf sein **allererstes** Gefühl zu achten und zu hören und sich somit von äußeren Einflüssen von der Umsetzung nicht abhalten lässt, zeigt folgendes Beispiel aus meiner Praxis:

Äußere Einflüsse

Mirjam, eine sehr attraktive, junge, allein lebende Frau hatte genug von ihrem Einzimmer-Appartement. Sie wollte sich verändern, eine neue Wohnung musste her. Ohne bestimmte Vorstellungen ging sie die Immobilienanzeigen in der Tageszeitung durch und fand auch sofort einige interessante Angebote. Sie nahm Besichtigungstermine wahr, doch keine der angebotenen Wohneinheiten sagte ihr zu. Natürlich erzählte Mirjam dieses Vorhaben auch ihren Freunden und Bekannten. Aus diesen Reihen bekam die junge Frau dann auch einen entscheidenden Hinweis: eine Wohnung mitten in der Innenstadt war frei geworden.

Kurzerhand rief die Veränderungswillige den Vermieter an und vereinbarte mit diesem einen Besichtigungstermin. **Schon in dieser Phase** bemerkte sie, dass irgendetwas anders als bei den vorangegangenen Terminabsprachen war. Ihr Gefühl meldete sich sehr angenehm. Voller Ungeduld wartete sie auf den vereinbarten Zeitpunkt und war überpünktlich beim Objekt. Doch der Vermieter verspätete sich um rund zehn Minuten und sie dachte schon:„Na, das fängt ja gut an!“. Nach kurzer Begrüßung gingen beide sofort in das zur Veräußerung stehende Gebäude.

Als Mirjam das Haus **betrat**, **fühlte** sie sich **sofort** sehr wohl, zufrieden und glücklich. Bei näherem Hinsehen allerdings veränderte sich dieses positive Gefühl ganz schnell. Sie bemerkte, dass sie, ohne eine Diele zu durchqueren, sofort mitten in der Wohnung stand. „O je, hier ist ja kein Flur“ dachte sie enttäuscht. Tatsächlich, von der Straße aus öffnete man die Wohnungstür und befand sich auch schon im Wohnraum. Von diesem Umstand geleitet wurden ihre Blicke noch kritischer und sie erkannte sehr schnell, dass diese Wohnung auf Durchgangszimmer aufgebaut war. Die Wohnung war auch nicht in besonders gutem Zustand.

57

Alte, abgenutzte Teppiche, einfacher Standard, nicht wirklich etwas Besonderes, lagen als Oberboden herum.

Dennoch: Nach der Betrachtung der Räumlichkeiten entschied sich Mirjam noch beim Besichtigungstermin für die neue Wohnung. Sie erinnerte sich an ihr **erstes**, wohltuendes Gefühl, als sie dieses Haus betrat. Details wurden von beiden Vertragspartnern schnell geklärt und zwei Tage später hatte sie dann auch den Mietvertrag bereits in ihrem Briefkasten.

Als sie den Brief mit dem Vertrag öffnete, war gerade die vermittelnde Freundin zu Besuch. So erzählte Mirjam von der neuen Wohnung. Die Freundin äußerte sich voller Entsetzen: „Solch eine Wohnung? Hast du dir das gut überlegt?" Mit dieser Reaktion hatte Mirjam nicht gerechnet. Erste Zweifel regten sich in ihr. „Soll ich diese Wohnung wirklich nehmen?" dachte sie schon fast unter Schock stehend. Tatsächlich könnte sie eine bessere bekommen, war plötzlich in ihrem Kopf. Aus dieser, von der Freundin verursachten Unsicherheit heraus, legte sie den Mietvertrag nun zur Seite, obwohl sie versprochen hatte, ihn sofort unterschrieben zurück zu schicken. Sie wollte nun erst noch einmal darüber schlafen.

Am nächsten Tag sprach sie noch einmal mit ihrer Freundin über die Angelegenheit und kam zu dem Entschluss, dass ihre Ratgeberin Recht hatte. Es war einfach keine gute Wohnung. Und nun wollte sie diese auch gar nicht mehr. Der Vertrag lag herum und sie grübelte, wie sie dem Vermieter ihren Rückzug klar machen könnte. Viel Zeit zum Nachdenken blieb Mirjam allerdings nicht, denn drei Tage später meldete sich der neue Vermieter telefonisch und fragte nach, wo denn der Vertrag bliebe. Mirjam entschuldigte sich wegen der Verzögerung bei ihm und versprach ganz spontan, ihn noch am selben Tag in seinen Briefkasten zu werfen. Sie hörte noch einmal tief in sich hinein und trotz aller Zweifel, die durch äußere Einflüsse bestanden, brachte sie den Vertrag dann tatsächlich zum Briefkasten.

Nach dem Einwurf begannen sich bei Mirjam Bauchschmerzen einzustellen. „Habe ich das Richtige gemacht? Hätte ich den Mietvertrag doch nicht unterschreiben sollen?" ging es ständig in ihrem Kopf herum. Doch es gab jetzt kein Zurück mehr. Der Tag des Umzugs näherte sich und von Tag zu Tag steigerte sich ihre Angst, die falsche Entscheidung getroffen zu haben. Der Umzugstag verlief zwar sehr stressig, aber ohne nennenswerte Ereignisse und schon in der ersten Nacht in der neuen Wohnung stellte Mirjam fest, dass sie sich rundum wohl fühlte.

Sie verbrachte ein paar schöne Jahre dort. Und dann geschah das Unglaubliche. Ihr wurde das ganze Haus, in dem sich ihre Wohnung befand, zum Kauf angeboten. Es war finanziell ein so günstiges Angebot, dass sie es nicht ablehnen konnte. Der Traum, ein eigenes Häuschen zu besitzen, ging für sie durch den Kauf in Erfüllung.

Hätte Mirjam damals auf ihre Freundin statt auf ihr **allererstes** Gefühl gehört, wäre sie heute sicherlich nicht Besitzerin dieses Hauses, welches sie noch immer liebt und in dem sie sich rundum wohl fühlt.

Gedicht

Akzeptanz von anderen erwartest Du,
Zustimmung soll fliegen Dir zu,
Anerkennung und Liebe willst Du haben,
bekommst all das nicht, ist es kaum zu ertragen!

Jeden Tag willst erreichen viele Sachen,
Du könntest es Dir so einfach machen,
hör' doch mal in Dich hinein,
ein anderer Mensch wirst dann gleich sein!

Deine Stimme tief in Dir drin,
sagt Dir des Lebens Sinn,
was übermittelt Dein Gefühl,
wird bringen Dich durch`s Gewühl.

Sicherheit wird Dich ereilen,
und immer in Dir weilen,
beginne nun auf Dich zu hören,
lass Dein ICH nicht von Anderen stören!

Ein jeder will sagen ganz bestimmt,
welche Deine Wege sind,
doch nur Du ganz allein,
schlägst die eigene Richtung ein!

Vertraust Du Deinem Innern,
nie wird Deine Lebenskerze flimmern,
zweifle nicht an Deinem ICH-
denn es liebt nur Dich!

Es wird Dir zeigen das Licht der Welt,
alles was Dein Wunsch gewählt,
in Ewigkeit nun hält.
Hast Dein Ziel dann erhalten,
lass Liebe zu den Anderen walten.

Achte auf Dein erstes Gefühl,
das Erste im Gewühl,
in den **ersten vier Sekunden**,
hat`s Dich gefunden,
hier entscheidet sich für Dich,
was richtig und was nicht,
sei wach und nimm es an,
so hast viel für Dich getan.

Notizen

Seelenschmerz

Es gibt eine Vielzahl von Ursachen, die Seelenschmerz auslösen können. Sei es Trauer und Verlust, fehlende Eigenliebe, mangelnde Anerkennung durch unsere Gesellschaft, falsche Entscheidungen, Krankheit oder Liebeskummer. Hier alle Möglichkeiten aufzuführen, würde den Rahmen sprengen. Deshalb habe ich mich für ein Beispiel entschieden, welches mit großer Wahrscheinlichkeit schon jeder von uns erlebt hat - den Liebeskummer. Anhand dieses Beispiels will ich Ihnen aufzeigen, was man aus dem Seelenschmerz lernen kann.

Das Beispiel: Liebeskummer
Schon immer haben sich die menschlichen Geschlechter angezogen. Ob männlich zu weiblich, männlich zu männlich oder weiblich zu weiblich. Bei jeder Möglichkeit ist stets ein zwischenmenschliches Gefühl im Bunde. Bei dem einen ist es Liebe, beim anderen Sympathie. Wenn zwei Menschen sich finden und einen Teil des Weges zusammen beschreiten, so sprechen wir im Allgemeinen von einer Beziehung. Entschließt sich ein Teil dieser Gemeinschaft aus dieser Beziehung auszutreten, seinen Weg alleine oder mit einem anderen Menschen weiter zu gehen, bleibt immer einer zurück.

Der Verlassene weigert sich oft aus den verschiedensten Gründen, die Trennung anzuerkennen. Diese Nichtakzeptanz einer Trennung erzeugt bei dem „Zurückgebliebenen" einen sehr intensiven Seelenschmerz und der kann eine Vielzahl von Auswirkungen nach sich ziehen. Appetitlosigkeit, Schlafstörungen und gesundheitliche Probleme sind nur ein Teil davon. Im Innersten dieses gefühlsverletzten Menschen herrscht Chaos. Die Gefühle gleichen einer Berg- und Talfahrt. Oft ist es Hass auf den Fortgegangenen, kurze Zeit später kann sich dies schon wieder in Selbstmitleid wandeln oder in die Phase der absoluten Selbstaufgabe, in der der Leidende alles annehmen würde, käme der Partner nur wieder zurück. Aber auch ein Sich-Wehren gegen die entstandene neue Situation ist oft der Fall.

In dieser Lebensperiode, nach solch einer Erfahrung, glaubt der mit Liebeskummer Erfüllte an ein gebrochenes Herz, welches wohl zu keinem Zeitpunkt mehr heilen wird.
Dadurch entsteht Hoffnungslosigkeit für die Zukunft, der Sinn des Lebens (siehe auch das gleich lautende Gedicht hier im Buch) wird in Frage gestellt.

Worin liegt der Sinn?
Ein solches Erlebnis mit den Gefühlen ist stellvertretend für alle Ursachen von Seelenschmerz. Wie kann ich den Seelenschmerz verstehen lernen? Welchen Sinn hat der Seelenschmerz? Fragen, die ich Ihnen nun beantworten will.

Bei Seelenschmerz handelt es sich um eine Art von Trauer. Das Recht, diesen Schmerz tief in der Seele auszuleben, hat jeder Mensch. Nur sollte der Trauernde eines Tages erkennen, was in dieser intensiven Schmerzphase mit einem selbst passiert ist. Der „Trauernde" hat eine schmerzhafte und intensive Erfahrung gemacht, die jedoch nicht mehr als eine Erfahrung ist. Von diesem Gefühl gilt es für die Zukunft zu lernen, zu überdenken, was man von dieser erlebten Erfahrung in die Zukunft mitnehmen und anders machen kann.

Eine sehr wichtige Erkenntnis dabei ist, dass man erkennt, dass man über Gefühle verfügt, mit denen man Leid erforschen kann, aber auch Glück erleben darf. Zusätzlich sollte der Betroffene noch eine weitere Lehre aus dem Erlebten ziehen, nämlich wie man seelische Wunden zu emotionalen Narben werden lassen kann. Damit ist nicht das Vergessen angesprochen, dies wäre die falsche Lehre aus dieser Erfahrung. Vielmehr sollte die Seele das Erlebte verarbeiten. Dazu ist es sehr wichtig, sich auf seine eigenen Stärken zu konzentrieren, sie zu fördern und auch auszuleben. Erkennt und beschreitet der Mensch diesen Weg, so wird er sehr schnell feststellen, dass das Erlebte nicht mehr schmerzt, aber trotzdem noch in Erinnerung ist.

Das Erlebte wird von der Wunde zur Narbe, es hinterlässt also Spuren, aber diese schmerzen nicht mehr - ähnlich wie bei körperlichen Wunden, welche irgendwann vernarben. Diese Narben schmerzen auch nicht mehr.

Schlussendlich erkennt man, dass es sich bei dem Erlebten nur um eine Sammlung von Erfahrungen handelt, die uns für die Zukunft davor warnen soll, schon einmal begangene „Fehler", wie im folgenden Beispiel angeführt, bei einer neuen Partnerschaft nicht wiederholen. Dieser Erfahrungsschatz zeigt sich als sehr wichtig für das weitere soziale Lebensverhalten des Einzelnen.

Die Chance

Franz, ein bis vor wenigen Tagen bodenständiger junger Mann im Alter von 30 Jahren, quälte Liebeskummer. In dieser Zeit wirkte Franz wie ein kleines Kind, dem man das Spielzeug weggenommen hatte. Zerbrechlich und stur zugleich, zutiefst verletzt und kurz davor, sich selbst aufzugeben. Viele würden sagen, er war „durch den Wind, jenseits von gut und böse".

Seine langjährige Freundin hatte Franz verlassen, wegen eines anderen, wie er sicher zu wissen glaubte.

„Sie kam in unsere gemeinsame Wohnung und offenbarte mir, dass sie sich von mir trennen will und zwar sofort". „Weshalb?" fragte Franz seine Lebensgefährtin. „Ich habe einen anderen Mann kennen gelernt und mit ihm geschlafen", erwiderte sie in einem herablassenden Ton.

Für Franz brach eine Welt zusammen, denn er liebte diese Frau doch über alles. Sein Leben hätte er für sie gegeben und nun das! In diesem Augenblick war Franz nicht mehr Herr seiner Sinne, der Schock saß zu tief. Seelische Pein, auch Wut und Zorn, ereilte ihn, wie er es vorher noch nie so erlebt hatte. In seinem Kopf ging alles drunter und drüber, einen klaren Gedanken zu fassen war unmöglich geworden. „Nur raus, nur raus hier!", schoss es Franz immer wieder durch seinen Kopf, doch er war nicht fähig dazu und flüchtete sich in das Schlafzimmer.

Von Tränen überwältigt warf er sich auf das noch nachts zuvor gemeinsam benützte Doppelbett und rief immer wieder „Warum? Warum nur?". Als er merkte, dass ihn dies alles nicht weiter bringt, verließ er weinend das Schlafzimmer, eilte über den Flur in das Wohnzimmer, in dem sich seine Freundin befand, nahm diese vor Schmerz aber nicht einmal wahr, öffnete die Terrassentür und rettete sich ins Freie. Er lief und lief, ohne darauf zu achten, wohin ihn sein Weg führte.

Es folgten Tage der tiefen Trauer, schmerzhafte Emotionen suchten ihn heim. Gefüllt mit Versagensängsten sowie Hassattacken auf die Lebensgefährtin und auf sich selbst. Auch Gespräche zwischen den beiden einstmals Verliebten wurden geführt, doch nichts brachte sie wieder zusammen. Franz zog aus der gemeinsamen Wohnung aus und versuchte, ein neues Leben zu beginnen. Dies schien ihm allerdings immer wieder unmöglich. „Ich siechte so dahin, alles war mir egal, nichts konnte mich aufmuntern. Ich hatte keinen Lebenswillen mehr" erinnert er sich.

Im Laufe der Zeit ermittelte Franz all das, was er aus diesen Erfahrungen lernen könne und wie er wieder ein zufriedenes Leben führen würde. Er fand Wege, um Harmonie wieder bei sich einziehen zu lassen. Franz beschritt diesen Weg, indem er bei der Ursachenforschung sehr ehrlich zu sich war und entdeckte dabei, dass er so einiges falsch gemacht hatte. Durch diese intensive Erfahrung mit sich selbst erfuhr er Schmerzen anderer Art, anders als die Schmerzen, welche er durch die Trennung erlebte. Der 30-jährige betrachtete objektiv Ungereimtheiten in seinem Verhalten, seinen Überzeugungen, Werten und Erwartungen. Schlimme seelische Schmerzen begleiteten ihn als er begann, all seine Fehler zu erkennen.

Manchmal meinte er, sein Brustkorb sei in einen Schraubstock gespannt und würde zerquetscht werden. Doch diese Schmerzen zu erfahren waren es wert, um wieder ein von Freude erfülltes Leben führen zu können. Franz hatte erkannt was er ändern musste, um glücklich zu sein und was genauso wichtig ist, wie andere mit ihm glücklich sein können. „Heute bin ich dieser Trennung dankbar, denn nur durch sie konnte ich erkennen, was ich anders machen sollte. Nur durch diese Erkenntnis darf ich jetzt wieder Glück empfinden. Ich habe auch eine andere Frau kennen gelernt und wir verstehen uns wirklich sehr gut!" berichtet Franz jedem, der ihn auf diese Zeit anspricht. Einmal mehr hat es sich bewahrheitet: Seelenschmerz ist keine aussichtslose Begebenheit, sondern ein Hinweis, seine Lebensgestaltung zu überdenken. Und er ist eine Chance, sich mit sich selbst und seinen Verhaltensformen auseinander zu setzen, um dann einiges in der

67

Zukunft anders, ja besser für sich selbst und zum Wohle anderer, zu machen.

Gedicht

Ein Gefühl, das Dich erdrückt,
Deine Seele so verrückt,
Dein Herz schmerzt so sehr,
Du denkst, heilen wird`s wohl nimmer mehr.

Der Verstand scheint still zu steh`n,
das Leben kannst nur selten seh`n,
der Schmerz hat nun Einzug gehalten,
wie sollst du das Leben gestalten?

In dieser Phase nun,
was ist nur zu tun?
Dies Gefühl zu erleben,
ist letztendlich ein wahrer Segen!
Zeigt es einem jedem doch:
ich lebe noch!

Deshalb lebe diesen Schmerz doch aus,
und lerne die Lektion daraus,
wenn Du kannst den Schmerz empfinden,
wirst auch bald das Glück neu finden.
Denn Glück und Schmerz sind eng verbunden,
plötzlich heilen alle Wunden!

Narben bleiben wohl zurück,
auch das ist ein großes Glück!
Denn Narben stehen gleich
für Erfahrung in diesem Bereich!

Erfahrung macht uns immer reicher,
dies zu sehen, macht den Schmerz gleich leichter!

Notizen

Geduld

In vielen Bereichen des täglichen Lebens ist so mancher Zeitgenosse mit dem Thema Geduld konfrontiert. Beinahe jeder von uns wünscht sich sehnlichst die rasche Erfüllung seiner Wünsche, Sehnsüchte, Träume und Ziele. Jedoch merken viele Menschen, dass sich die Erfüllung nicht sofort einstellt, dass es dauert und dauert. Es will und will einfach nicht zustande kommen. Man gerät in Ungeduld.

Dadurch erfährt der Betroffene unterschiedlichste Gefühlsregungen. Missmut, Wut, Kurzschlussreaktionen, aber auch Resignation stellen sich zeitweise ein. Sehr gerne verschwendet der Erwartende auch seine Energie mit Aktionen, die ihn in eine Situation bringen, die dann überhaupt nicht mehr akzeptabel ist. Erkennt man, dass es sich mit dieser Wartephase um die wunderbare Gelegenheit handelt, Ruhe zu bewahren, in sich zu gehen und sich **gefühlorientiert** zu verhalten, erscheint einem die „Geduldsprobe" nicht mehr so schwierig.

Denn warten - warten auf etwas ist nun angesagt! Diese Zeit zu nützen, um Vertrauen zu sich selbst und zum Göttlichen aufzubauen sowie zu warten, bis der Wunsch in Erfüllung geht, ist nun das Ziel dieser Lernphase. Und diese bewältigt man mit der Unterstützung von Stille.

In dieser Ruhe angekommen- sei es durch Meditation oder einfach nur Entspannung - überblickt man meistens sofort die Lage und erkennt, was und wie man noch tun kann, um das gesteckte Ziel zu erreichen. Wichtig dabei ist, dass der Betroffene auch Vertrauen zu seinen Gefühlen entwickelt, welche sich in dieser Ruhephase bei ihm melden. Oft sind es Hinweise, wie man einen leichteren Weg zum Ziel beschreiten kann. Plötzlich wird alles klar und deutlich. Lösungen bieten sich an, drängen sich geradezu auf, um das Gewünschte zu erreichen oder zu erhalten.

Über eines sollte sich jeder im Klaren sein: Alle Wünsche, Sehnsüchte und Träume brauchen seine Zeit, um Wirklichkeit zu werden. Zum richtigen Zeitpunkt wird das Richtige geschehen. Also üben wir uns in der Zwischenzeit in Geduld und Vertrauen! So kann jeder viele seiner Wünsche zur Erfüllung bringen, sollten diese für den Betreffenden vorgesehen sein.

Anne, 28 Jahre jung
und mitten im Leben stehend, kam zu mir und erzählte, dass sie unbedingt ein Kind haben wollte. „Seit über zwei Jahren habe ich diesen Wunsch sehr intensiv, mein Ehemann und ich arbeiten fleißig daran, aber es will und will nicht klappen", erzähle sie mir.

Sie fuhr mit ihren Schilderungen fort: „Ich wünsche mir nichts sehnlicher als ein Baby, für das ich sorgen darf. Unser Glück wäre vollkommen! Verhütungsmittel benützen wir schon lange nicht mehr und der Arzt sagt, dass medizinisch bei uns alles in Ordnung sei. Ich frage mich, warum ich nicht schwanger werde und bin verzweifelt!" Auf meine Frage, ob sie sich schon reif für ein Kind fühle, erwiderte sie sehr energisch: „Natürlich, selbstverständlich! Ich will ein Baby! Alle meine Freundinnen sind bereits Mama, nur ich nicht! Meine Verwandten und auch meine Freunde belächeln mich schon. Sehr oft kommen Seitenhiebe von diesen Menschen, ob ich denn überhaupt noch ein Kind bekommen würde."

Emotional sehr aufgewühlt und unter Tränen sagte sie dann mit leiser Stimme: „Wissen sie, ich trage so viel Liebe in mir, ich will diese Liebe an noch einen

Menschen weiter geben, an einen Menschen von meinem Fleisch und Blut". Ich besprach mit ihr Einzelheiten diesen Wunsch betreffend und übermittelte ihr klar und deutlich, dass dieser Kinderwunsch nur unter bestimmten Voraussetzungen erfüllbar wäre. Sie dürfe sich nicht ständig mit diesem Gedanken befassen und was noch schlimmer wäre, sich gar unter Druck setzen. Ebenso erklärte ich ihr, dass sie lernen sollte, den Aussagen anderer Menschen nicht soviel Macht zu geben, dass es sie belaste.

Ich zeigte ihr Wege auf, wie sie diesen Druck von sich nehmen könne. Ein wichtiger Bestandteil meiner Ausführungen war, das Anne lernen sollte, Geduld zu haben. Sie musste ihre eigene, innerste Ruhe wieder finden und ihr Vertrauen zum Göttlichen wieder auffrischen.

Nun, ob sie all dies beherzigte, was ich ihr empfohlen habe, ist nur anzunehmen. Rund sechs Monate später wurde mir über eine andere Klientin mitgeteilt, dass Anne schwanger geworden war und sich riesig auf ihr Baby freute. Dem jungen Mutterglück stand also nichts mehr im Wege. Diese Klientin übermittelte mir auch noch eine kurze, aber prägnante Antwort von Anne: "Danke für alles - sie wissen schon, was ich meine." war die überbrachte Nachricht. Das Gefühl, dass ich dieser einst unglücklichen Frau hatte helfen können, war unbeschreiblich schön.

Geduld und Vertrauen solltest Du haben, so wird das Richtige zum richtigen Zeitpunkt kommen und viele Deiner Wünsche, Sehnsüchte, Träume und Ziele werden sich erfüllen.

Gedicht

Dinge gibt es zu erleben,
oft werden sie nicht gleich gegeben,
erhalten will man es sofort,
egal wie an welchem Ort.
Sehnlich erwartet wird das Haben.
Warten? Nicht zu ertragen,
so groß wie ist der Wille,
es kommt nicht. Drum nütz` die Stille!

Ruhig ist`s nun um Dein Bestreben,
Du solltest nicht aufgeben!
Bittest in der Ruhe dann,
siedelt sich bald Hilfe an,
Vertrauen in die Lichtgestalt,
ist nun der beste Halt.
Lerne nun die Lektion,
Geduld hilft in der Situation.

Hast dann Geduld geübt,
Dein Blick nicht mehr getrübt,
wird alles kommen wie bestimmt,
Gott es in seine Hände nimmt!
Denn alles braucht hier seine Zeit,
damit es wächst, gedeiht.

Zweifel

Tag für Tag werden viele Menschen vor Entscheidungen gestellt (siehe auch *„Entscheidung")*. In mancher Situation fühlen sie sich überfordert und wissen nicht, was sie tun sollen, um einen befriedigenden Ausgang der Angelegenheit zu erreichen. Zweifel, das Richtige zu tun, bahnen sich an.

Das schlechte Gefühl

Letztendlich ist dieser Zweifel jedoch auf den Menschen selbst, der diese Entscheidung treffen soll, zurück zu führen. Nicht auf die Situation! Denn eine Situation ist vorgegeben, und nun liegt es an dem Betroffenen, wie er sich entscheidet, wie er damit umgeht, ganz individuell. Zögert dieser aber unbegründet, so ist das ein klares Zeichen für die Unsicherheit, die ihn befällt. Er ist sich nicht sicher, er hat Zweifel in sich, das Richtige zu tun. Seine innere Stimme, sein Gefühl sagt ihm etwas anderes als sein Kopf, als sein Denken, als sein Gehirn. Rein vom Kopfdenken her hat sich dieser Mensch bereits entschieden, doch irgendetwas sagt ihm, dass er aufpassen solle. Dies macht sich in der Regel dadurch bemerkbar, dass der Betroffene über ein schlechtes Gefühl bei der Sache klagt und deshalb nicht weiß, was er tun soll. Kopf und Gefühl lassen sich nicht in Einklang bringen.

Der richtige Ratgeber

Um in solch einer Situation den richtigen Ratgeber zu finden ist es zwingend erforderlich, dass man Ruhe bewahrt und keines Falles in Unsicherheit oder Panik verfällt. Denn Hilfe steckt in uns, tief in unserer Persönlichkeit, tief in unserer Seele. Dabei handelt es sich um unser „Sein". Was und wer wir sind. Ein einmaliger Mensch, den es eben nur einmal gibt und somit verfügen auch nur wir als einziger über die richtige Betrachtungsweise auf die Situation, welche sich uns stellt.

Befindest Du Dich dann in dieser Ruhephase, solltest Du Dir die bestehende, zu lösende Situation klar vor Augen führen. Allerdings ist darauf zu achten, dass Du Dich in sie hinein fühlst und ein hinein denken vermeidest (siehe auch *„Höre hinein")*. Hörst Du dann auf dieses Gefühl, welches Dir ein angenehmes oder aber unangenehmes Empfinden bereiten kann, so weiß Du, was zu tun ist, um die richtige Entscheidung zu treffen. „Fühle ich mich gut oder schlecht, wenn ich die bevorstehende Situation betrachte?" sollte die Grundfrage sein. In das daraus entstehende Ergebnis darfst Du dann auch Dein gesamtes Vertrauen stecken. Schließlich kommt der Hinweis von Dir selbst, von Deinem eigenen ICH, von Deiner eigenen Seele. Deshalb kannst Du Dir sicher sein, dass Du den richtigen Ratgeber gefunden hast, nämlich Dich selbst.

Es ist wohl kaum anzunehmen, dass man sich selbst betrügen will und deshalb wird dies auch die richtige Entscheidung sein. Natürlich nur dann, wenn man das **allererste** Gefühl als Ratgeber erkannt hat und sich nicht von dem unmittelbar darauf folgenden Kopfdenken irritieren lässt. Dies ist der wichtigste Teil dieses Prozesses. Deshalb hier nochmals der Hinweis auf das Gedicht in diesem Büchlein mit dem Titel „Höre hinein". Dort beschreibe ich Dir, wie Du das **allererste** Gefühl erkennen kannst

100-prozentige Übereinstimmung
In dem Augenblick, in dem Du Dein Gefühl erkennst, annimmst und ihm auch vertraust, sind sofort alle Zweifel beseitigt, denn nun hast Du eine Betrachtungsweise auf die Situation bekommen, die eine falsche Entscheidung unmöglich macht. Also, wie fühlst Du Dich? Gut? Dann handle! Schlecht? Dann solltest

Du zumindest äußerst vorsichtig an die Sache herangehen oder es aber ganz sein lassen. Denn wenn DU Dich nicht zu 100 Prozent mit der zu entscheidenden Sache identifizierst, wirst Du es irgendwann bereuen! Bei diesen 100 Prozent müssen Gefühl und Kopfdenken übereinstimmen, klar zusammen das Ergebnis bilden.

So vertreibst Du alle Zweifel!
Glaube an Dich selbst und Deine Empfindungen! In diesem Moment nimmt das Kopfdenken eine untergeordnete Position ein - nicht unwichtig, aber trotzdem untergeordnet.
Dieses System kannst Du in allen Lebenslagen einsetzen. Nur solltest Du auch hier unbedingt beachten, dass Du nie die Grenzen der Persönlichkeit eines anderen Menschen verletzt. Sollte dies passieren, so hast Du nicht auf Dein **allererstes** Gefühl gehört, sondern auf Dein Kopfdenken. Denn das innerste Gefühl will und wird niemals dazu beitragen, einen anderen eigenständigen, einmaligen Menschen zu verletzen!

Handle also nach Deinem **allerersten** Gefühl, vertraue diesem Gefühl, denn dieses kommt von Deinem Innersten und dadurch erlangst Du Vertrauen zu Dir selbst!

Gedicht

Zweifel sich in Dir bewegt,
Unruhe Dein Gemüt erregt,
Beweise für das „Sein" genug vorhanden.
Kam Dir die Kraft abhanden?

Tief in Dir weißt Du ganz bestimmt:
die Wahrheit seinen Lauf nun nimmt.
Zweifle nicht daran!
Dein Glück fängt jetzt an!

So reich` dem „Sein" die Hand,
das Geschenk Dich nun fand,
nur so wirst Du erleben,
was Gott Dir will geben.

Zweifel ist der Unruh` Untertan,
drum geh` ruhig das Handeln an!
Deinem Sinn vertrau nun voll und ganz-
die Kraft erscheint in vollem Glanz.

D`rum steh zu Deinem Glauben,
nichts wird die Kraft Dir jemals rauben!
Die Freiheit hast Du dazu,
der Zweifel schwindet dann im Nu!

Sei eins mit Deinen Gefühlen,
schnell wird all der Zweifel verglühen,
das „Sein" wird in Pracht erblühen,
Gottes Segen wirst Du dann spüren

Entscheidung

Eine Entscheidung zu treffen, zeigt sich oft als ziemlich schwierig, - je nachdem, was sich dadurch verändern soll. Jeden Tag stehen Entscheidungen an, mal ist die dadurch entstehende Folge eher nicht so ausschlaggebend, in anderen Fällen zieht sie enorme Veränderungen nach sich. Doch jede Entscheidung, egal in welche Richtung, erfordert eine gewisse Menge an Mut. Mal ist dieser Mut erkennbar, in anderen Situationen ist er so gering, dass er gar nicht messbar ist. Schließlich will der Betroffene ja die richtige Entscheidung (siehe auch *„Zweifel"*) treffen, er will das Beste entscheiden.

Um eine für sich positive Entscheidung herbei zu führen, ist es sehr wichtig Ruhe (siehe auch *„Höre hinein"*) zu bewahren und keinesfalls unüberlegte Aktionen zu starten. Dies heißt nicht, Entscheidungen auf die „lange Bank" zu schieben und ewig lange abzuwarten. Vielmehr sollte man in dieser Ruhephase sich intensiv mit den Gegebenheiten auseinander setzen um dann eine Entscheidung zu fällen.

Die Grauzone

Grundsätzlich existiert für jede Entscheidung eine Möglichkeit, die geeignete Maßnahme zu finden. Wege gibt es ausreichend - nur den richtigen zu finden, stellt sich oft als problematisch dar. Viele verstricken sich dabei in die beiden klassischen Lösungen „ja" oder „nein". Dabei handelt es sich um das so genannte Schwarz/Weiß-Denken. „Ja" steht für eine gewisse Variante und das „Nein" für die andere. Punkt, aus, Ende.

Bemerkt man allerdings in diesem Abschnitt der Entscheidungssuche, dass man weder beim „Ja" noch bei „Nein" ein gutes Gefühl bei sich entdecken kann, ist der Jammer sehr groß und Unsicherheit im Verbund mit Unzufriedenheit stellt sich ein. Dabei wäre es so einfach, nach einer intensiven Betrachtungsweise die dritte Möglichkeit zu wählen: Eben momentan keine Entscheidung zu treffen. Denn auch das ist eine Entscheidung. Eben die Entscheidung dazu, sich nicht entscheiden bzw. mit allen daraus entstehenden Konsequenzen festlegen zu wollen. Hierbei handelt es sich im Bezug auf das Schwarz/Weiß-Denken um die so genannte Grauzone.

Nun ist man in der Lage, die Dinge etwas abzuwarten um aufgrund neuer Entwicklungen die Angelegenheit neu zu überdenken und dann das Richtige zu entscheiden. Der Weg also ist klar. Nur der korrekte Richtungsweiser an der Weggabelung wird erst kommen. Um dieses Ziel zu erreichen, sollte man sich vorwärts bewegen, ohne die Seitenwege zu beachten. Und die Vorwärtsbewegung in diesem Falle ist eben die Entscheidung keine Entscheidung zu treffen.

Der vierte Weg
Wichtig dabei ist, bei anstehenden Entscheidungen auf sein **allererstes** Gefühl zu hören, fühle ich mich wohl oder unwohl dabei (siehe auch *„Höre hinein"* und *„Eine Reise zu dir")*.
Dieses Gefühl ist dann der vierte Weg um eine Entscheidung herbei zu führen. Dabei ist es nahezu egal in welcher Entscheidungsphase man sich befindet. Bei diesem vierten Weg, über den jeder Mensch verfügt, handelt es sich um eine Kombination vom aller ersten Gefühl (wie bei *„Höre hinein"* beschrieben), welches mich in dieser Situation ereilte und dem sechsten Sinn. Dieser besteht aus vielen Untergliederungen, allerdings ist bei der Entscheidungsfindung die „Intuition" das Wichtigste. Sie kann helfen, Entscheidungen, richtige Entscheidung zu treffen.

Gedicht

Entschließen was man tut, das erfordert großen Mut,
man wägt hin und her was wohl das Beste wär`,
doch denkst mal ruhig darüber nach,
liegt die Antwort brach.

Dazu nimm Dir Zeit,
doch lass geh`n die Uhr nicht weit,
denn bei manchen Sachen,
muss man schleunigst machen,
sei immer über eines klar,
Wege liegen genügend dar!

Der Weg „ja" oder „nein",
überleg`: Könnte es auch der Dritte sein?
Denn bist zum Entscheiden nicht bereit,
so wart` was bringt die Zeit,
dann hast den Weg Drei begonnen,
keine Entscheidung gewonnen?

Auch dies ist als Entscheidung anzusehen,
wenn Du diesen Pfad willst gehen,
kommst dann hin zum Richtungsweiser,
hör auf Dich , werd' leiser.
Ereilen wird Dich ein Gefühl,
inmitten vom Gewühl,
achtest Du nicht darauf,
nimmt das Schicksal seinen Lauf.
Doch hader` dann nicht mit Dir,

sondern sieh den Weg Nummer Vier,
Entscheidung zu treffen ist hier nicht schwer,
wenn`s auch scheint so sehr,
erinner` Dich an`s Gefühl beim Beginn,
als die Du prüftest des Weges Sinn,
das Erstgefühl täuscht ganz selten,
denn die Nachricht kommt aus anderen Welten!

Noch mehr Hilfe Du hast,
die zur Findung passt,
Intuition mach` Dir zum Helfer,
die Entscheidung wird zum Treffer.

Krankheit

Krankheiten gehören zum Menschsein. Die unterschiedlichen Erkrankungen sind heute bekannt. Viele sind im Laufe der Jahrzehnte erst neu entstanden, und eine Menge wird wohl im Laufe der Zeit noch hinzukommen. Es gibt heilbare Krankheiten und unheilbare, bei dem die Schulmedizin an ihre Grenzen stößt. Unabhängig ob heilbar oder unheilbar, ob eine schwere oder leichte Erkrankung vorliegt, empfindet jeder Mensch seine gesundheitliche Beeinträchtigung anders. Jedoch verursacht jede Krankheit, egal wie intensiv sie auftritt, eine Veränderung beim Einzelnen. Meist ist sie mit Leid verbunden. Niemand will krank sein. Hier passt der Spruch „Die beste Krankheit taugt nichts".

Durch krankheitsbedingte Schwächung erlebt ein Mensch oft eine Instabilität. Einige fallen in ein „schwarzes Loch", sie wissen nicht mehr wie es weiter gehen soll. Sie wollen ihre Gesundheit wieder zurück. In dieser Lage ist man gerne bereit, mit dem Schicksal zu verhandeln, das heißt Dinge zu tun, die einem vorher nie in den Sinn kamen. Nur um wieder die Gesundheit zu erlangen. Das Schicksal nimmt diese Art von Verhandlungen oft nicht an. Dies erkennt der Erkrankte sehr schnell. Er hadert mit sich selbst. Er sieht keine Perspektive mehr, je nach Schwere seiner Erkrankung. Lange Zeit wurde gegen die Krankheit gekämpft. Der Erfolg blieb aus, alles erscheint nun sinnlos.

Die mit der Krankheit verbundenen Schmerzen (lesen Sie dazu auch „*Körperlicher Schmerz*") entpuppen sich zuerst als unruhig stimmend, dann als nervig, aber auch sehr schnell als belastend und in vielen Fällen unerträglich. Nur eines hat dann noch Priorität, die Schmerzen irgendwie loswerden: Mit der Unterstützung von Ärzten, Heilpraktikern und mit Hilfe von Medikamenten lassen sich die Schmerzen in den meisten Fällen lindern, gar für eine gewisse Zeit ausschalten. Doch hat jeder durch seine Erkrankung auch eine Chance erhalten, die zu nützen es gilt.

Die beiden Wege

Sollte sich eine Krankheit als lang anhaltend, ja gar chronisch entpuppen, so zeigen sich zwei Wege für den Betroffenen auf. Voraus geht die Diagnose des Arztes, dass es sich bei der Krankheit um eine länger anhaltende Beeinträchtigung des körperlichen Empfindens handelt. Danach bieten sich selbstverständlich unterschiedliche Methoden an, diesem Übel entgegenzutreten. Es gibt eine Vielzahl an Therapien, die man als Erkrankter nutzen kann. Ebenso steht eine umfangreiche Auswahl an Medikamenten zur Anwendung zur Verfügung. Auch für die seelische Entlastung kann von Seiten der Pharmaindustrie gesorgt werden. Alles das sind Hilfestellungen von außen. Selbstverständlich kann, ja in vielen Fällen sollte man diese Möglichkeiten wahrnehmen. Allerdings ist die persönliche Einstellung, die eigenen Betrachtungsweise der Krankheit, nicht weniger wichtig. Hierbei bietet sich die Möglichkeit an, zwei Wege zu beschreiten.

Die erste Variante

Bei der einen Variante ergibt man sich kampflos der Situation. Die Krankheit hat über einen dadurch gewonnen, dass man sie zwar nicht will, aber trotzdem kein Mittel gegen sie findet, welches sie verschwinden lässt. Sie hat also vollkommen Besitz von der Persönlichkeit des Betroffenen ergriffen. Das erkennen Außenstehende dadurch, dass der Aufgebende oft auf die Gesundheit anderer schielt und neidisch darauf wird. Sehr schnell vergräbt er sich dann in Selbstmitleid und zerstört seine eigene Lebensqualität. Und so nebenbei leidet auch noch das gesamte Umfeld dieses Menschen an seinen Launen und Boshaftigkeiten, welche sich zwangsläufig aus der Unzufriedenheit des Patienten entwickelt.

Das Befinden des Kranken wird bei diesem Weg wohl nur sehr selten besser werden. In den meisten Fällen verschlimmert sich die Krankheit. Und ein Kreislauf beginnt aufzuleben, aus dem der Kranke nur sehr schwer wieder entkommt. Natürlich entstehen diese Verhaltensmuster aus der Unsicherheit des Leidenden, weiß er doch nicht wie er mit seiner Erkrankung auf Dauer umgehen soll. Gute Ratschläge erreichen nicht das Ziel, dem Menschen zu helfen, solange dieser es nicht zulässt. Dadurch macht es sich der Patient oft selbst sehr schwer. Würde er aber den zweiten, den besseren Weg wählen, lösen sich zwar seine Beschwerden nicht in Luft auf, aber er würde dadurch eine enorm bessere Lebensqualität erzielen.

Der bessere Weg

Das Wichtigste bei diesem Weg ist die **Akzeptanz** der Krankheit. Es zeigt sich als wenig hilfreich, sich ständig dagegen wehren zu wollen. Damit ist nicht das Resignieren der Krankheit gegenüber gemeint, sondern das Annehmen der Krankheit. Beginnt der Patient die gesundheitliche Beeinträchtigung als neuen Teil seines Lebens zu akzeptieren, fällt es ihm ganz sicher leichter, damit auch umzugehen. Natürlich bedarf es hierbei eine Menge an Mut. Schließlich erkennt man in diesem Lernprozess, dass vieles nicht mehr so ist, wie es einmal war.

Neue Wege müssen gefunden und auch beschritten werden. Vorangegangene Lebensmuster sind zu verändern und auf die neue Situation einzustellen. Dies fällt nicht jedem leicht. Im Gegenteil, es zeigt sich am Anfang als sehr schwere und fast unlösbare Aufgabe. Ist der Betroffene allerdings bereit, diesen anderen,

positiven Weg zu gehen, ist er offen für Veränderungen, so wird er seine Vorurteile sehr schnell
bei Seite legen, denn die ersten Erfolge werden sich
ganz schnell einstellen.

Enorm wichtig dabei ist zu erkennen, dass man sich
durch diese Krankheit in einem neuen persönlichen
Lernprozess (siehe *„Der Sinn des Lebens"*) befindet.
Die Krankheit soll helfen, den Lebensablauf neu zu
überdenken, neu zu gestalten. Sehr viele Menschen
verändern dadurch während des Krankseins ihr Be-
wusstsein. Plötzlich werden Dinge unwichtig, welche
vorher einen umfangreichen Platz einnahmen und Dinge plötzlich ungemein wichtig, die vorher nicht einmal
beachtet wurden.
Von dieser **neuen Perspektive** aus, erkennt man die
Krankheit also nicht mehr als Gegner, sondern als
Chance sich anders zu orientieren, also zu lernen mit
der Krankheit umzugehen, sie anzunehmen, als Teil
des leidenden Menschen selbst. Durch die Veränderung zeigen sich neue Horizonte. Es ergeben sich viele
alternative Möglichkeiten, Situationen zu meistern, an
die vorher nicht einmal gedacht wurde. Neue Herausforderungen stellen sich ein, die Lebensqualität mit
der Krankheit ändert sich, ja sie kann sich sogar stei-
gern!

Der Blick zurück
Entscheidet man sich für diesen positiven Weg, zeigt
es sich nicht als unterstützend, in der Vergangenheit
zu wühlen. Sich damit zu quälen wie es einmal gewesen ist, als diese Krankheit noch nicht vorhanden war.
Dieses Zurückdenken ist ein Weg, der nur Sorgen und
Kummer bringen wird. Denn die Vergangenheit ist
nicht mehr änderbar. Vielmehr dient sie als Chance,
die dort gemachten Erfahrungen zu erkennen und in
die Zukunft mit einzubringen. All die Erfahrungen aus
der Vergangenheit können nun nutzvoll mit verwendet

werden. Dabei ist es absolut unnötig, die gemachten Erfahrungen in zwei Klassen einzuteilen, also in negative und positive Erfahrungen. Denn diese Einteilung gibt es nicht. Vielmehr handelt es sich dabei um intensive und weniger intensive Erfahrungen und nicht um Negatives und Positives. Sicherlich sind Schmerzen in die Kategorie „intensive Erfahrung" einzugliedern. Denn wir Menschen lernen nun mal nur langfristig, wenn es uns intensiv berührt und dies drückt sich auch sehr oft in Schmerz aus. Aber auch in Freude.

Erkennt man also die Wertigkeit der Erfahrungen in der Vergangenheit, zum Beispiel, dass man damals noch gesund war, sollte man sich Gedanken darüber machen, was eventuell die **Ursache** für die Erkrankung war. Hat man das dann herausgefunden, ist es sehr vorteilhaft dieses nicht zu wiederholen oder gar weiter zu führen. Natürlich lässt diese Erkenntnis die vorhandene Krankheit nicht abheilen. Jedoch kann man damit vermeiden, dass sie sich verschlimmert oder wiederholt. Mit dieser Gewissheit lässt sich dann mit der bestehenden Krankheit besser umgehen.

Durch das Annehmen und Akzeptieren der Krankheit unterstützt man in jedem Fall alle Maßnahmen von außen. Zum Beispiel die Ärztebemühungen und Therapien.
Alle haben dasselbe Ziel: Die Krankheit in den Griff zu bekommen und eine zufrieden stellende Lebensqualität und gute Zukunft für den Betroffenen zu erreichen.
Wer den Mut hat, den Weg der Akzeptanz zu gehen, wird neue Horizonte entdecken und seinem eigentlichen Ziel näher kommen (siehe hierzu auch „Eine Reise zu dir" und „Höre hinein" und „Der Sinn des Lebens").

Herberts Achterbahn

Herbert hatte bereits ein bewegtes Leben hinter sich. Viele intensive Erfahrungen pflasterten seinen Lebensweg. Mal schien es als würde er wirtschaftlich niemals mehr auf die Beine kommen, ein anders Mal meinte er es doch zu schaffen, dann wurde es wieder schwieriger. Ähnlich zeigte sich sein privater Lebensraum. Er kam sich zeitweise vor wie in einer Achterbahn, mal auf mal ab. Trotzdem hatte er für seine Zukunft immer Visionen. Er ließ nie zu, dass er die Bodenhaftung verlor, immer wieder suchte er nach neuen Wegen und fand sie auch. Bis er eines Tages starke Schmerzen in seine Kopf- und Rückenbereich spürte. Schlimme Schmerzen stellten sich ein. In unregelmäßigem Abstand befielen sie ihn. Nicht genug: Es gesellten sich im Laufe der Zeit auch noch Sehstörungen und Gleichgewichtsprobleme ein. Das Ausüben seines Berufs rückte aufgrund dieser Beschwerden in weite Ferne. Er wurde arbeitsunfähig. Nun begann ein Weg für ihn, ohne erkennbares Ziel.

Von Arzt zu Arzt gelaufen

Der 35-jährige Mann konnte an machen Tagen vor Schmerzen nicht einmal mehr aufrecht gehen. Wöchentlich konsultierte er seinen Hausarzt, dieser verordnete ihm die Einnahme von Schmerzmittel. Mit diesem Medikament konnte er die Beschwerden zwar lindern, doch vollkommen verschwunden waren sie zu diesem Zeitpunkt nie. Er wandte sich also Hilfe suchend an andere Ärzte, an Spezialisten der jeweiligen medizinischen Fachgebiete. Die einzelnen Ergebnisse der Untersuchungen jedoch waren niederschmetternd. Keiner der Ärzte und Heilpraktiker konnten Herbert helfen. Niemand erkannte die Ursache der Schmerzen. So blieb nur der Weg übrig, wenigsten die Auswirkungen, die Schmerzen zu bekämpfen. Die Lebensqualität von Herbert sank drastisch, sein Lebenswille hatte auch einen dementsprechenden Knacks bekommen. „Warum gerade ich?" dachte er sich immer und immer wieder.

Wir haben die Wahl

Zwar hatte Herbert immer wieder Phasen, in denen er meinte keine Kraft mehr zum Weiterleben zu besitzen, letztendlich gab er jedoch nicht auf. Er absolvierte einen Kuraufenthalt und lernte auf dieser Kur viele Menschen und neue Therapien kennen. Das Wichtigste was er dort in Erfahrung brachte, war die Erkenntnis dass er mit seiner Krankheit leben muss. Zwar konnte ihm auch dort niemand sagen, woher die Schmerzen kommen, jedoch war klar dass sie vorhanden sind. So stand Herbert also vor der Wahl: Die Schmerzen annehmen oder weiterhin ablehnen? Da er aus der Vergangenheit wusste, was das Ablehnen der Schmerzen bewirkt, entschloss er sich den zweiten Weg zu gehen: Die Annahme der Schmerzen, als einen neuen Teil von ihm.

Langsam begann Herbert an der Akzeptanz zu arbeiten. Heute ist er noch immer nicht schmerzfrei. Er benötigt auch jetzt noch, nach Jahren hin und wieder Schmerzmittel. Bis heute konnte ihm noch kein Arzt die Ursache seines Schmerzes nennen. Seit Herbert jedoch die Schmerzen als neue Herausforderung für sein Leben betrachtet, hat sich seine Lebensqualität erheblich gesteigert. Die Schmerzschübe haben einen größeren Abstand eingenommen. Er hat eine neue, andere Arbeit und kümmert sich in einer Selbsthilfegruppe um Menschen mit ähnlichen Beschwerden. Herbert nutzte diese Chance und hat seine Krankheit zum neuen Teil seines neuen Lebens werden lassen.

Gedicht

Krankheit schafft viele Leiden,
jeder will sie meiden,
ereilt sie einen doch,
fallen viele in das schwarze Loch.

Egal wie schwer sie auch ist,
die Gesundheit wird stark vermisst,
man leidet darunter sehr,
sieht keine Perspektive mehr,
doch geht man über zum Erkennen,
bringt uns Krankheit was zum Lernen.

Lernen können wir viel daraus,
wie sieht mein neuer Weg denn aus?

So lang dagegen ich mich wehre,
des Nächsten Gesundheit ich begehre,
werde ich noch leiden sehr,
mit Tränen fülle ich das Meer.

Beginne ich das Übel nun zu achten,
mich als neuen Mensch zu betrachten,
als Mensch mit Krankheit eben nun,
so lerne ich, es gibt viel zu tun.

Also nimm die Krankheit an!

Dein Schritt geht schnell voran,
lerne mit der Krankheit umzugeh`n,
***mit** ihr in die Zukunft zu seh`n,*
ist sie ein Teil von Dir geworden,
bringt sie nicht nur Sorgen,
hast doch die Chance nun,
auch and`re Dinge gut zu tun!

Notizen

Körperlicher Schmerz

„Ich finde keine Ursache für Ihren Schmerz, das ist psychisch bedingt", diagnostizieren Ärzte oft die körperlichen Beschwerden von Patienten. Diese Aussage entpuppt nicht die Unfähigkeit der Mediziner. Sehr oft ist es der Fall, dass es wirklich aus ärztlicher Sicht keine erkennbaren Ursachen für das Schmerzempfinden eines Menschen gibt. Sicher ist es auch nachvollziehbar, wenn dann der behandelnde Arzt die für ihn angemessenen Medikamente zur Einnahme verordnet, mit denen die **Auswirkungen**, der Schmerz an sich, bekämpft wird. Nur bringt die Einnahme von Schmerzmittel dem Betroffenen auf Dauer keine befriedigende Lösung. Es bietet sich geradezu an, selbst nach der Ursache des bestehenden Schmerzes zu forschen.

Natürlich sind einige Ursachen für Schmerz psychisch bedingt. Jedoch handelt es sich hierbei um einen dehnbaren Begriff. „Psychisch" beinhaltet als Oberbegriff viele Bereiche, wie zum Beispiel den Druck durch nervliche Belastung, oder geistige Überforderung und vieles mehr. Gerade in der heutigen Zeit ist der Vorläufer für seelische Beschwertheit der Alltagsstress. Bedingt durch viele Faktoren gerät man immer wieder unter Druck und Stress, gönnt sich keine Ruhe oder keinen Ausgleich. Oft legt sich der Mensch die fantastischsten Ausreden parat, um seine seelische Selbstzerstörung zu begründen. „Ich habe keine Zeit dazu" ist die klassische Begründung, um seiner Seele die benötigten Streicheleinheiten zu entziehen.

Hilferuf der Seele
Bewegt man sich ständig unter Hochspannung und unter Druck durch das Leben, so wird sich die Seele ganz bestimmt bei einem melden und darauf hin-

weisen, dass sie auch noch da ist und sich nach Entspannung und Pflege seht. Diesen Hilferuf setzt sie zuerst ganz leise und zurückhaltend ab. In dieser Phase ereilen den Menschen „kleine Wehwehchen", die er zunächst gerne übersieht. Oder sie werden als vorübergehende gesundheitliche Schwankungen abgetan und mit einem „das wird schon wieder" ins Abseits geschoben. Man macht einfach so weiter wie bisher.

Das aber zeigt sich für die Seele nicht besonders vorteilhaft und sie beginnt erneut, sich zu melden. Wieder sucht sie den Weg über den Körper, um sich mitzuteilen und Hinweise zu senden, dass es so nicht mehr weiter gehen kann. Je nach Intensität der Warnungen hören einige Menschen auf diese Signale und ändern ihre Lebensgewohnheiten zu Gunsten ihrer Seele und des Körpers. Andere wiederum übergehen diese Meldungen bewusst oder unbewusst und zwingen die Seele zu weiteren Maßnahmen. In der Regel gesteht die Seele dem Menschen sehr viel Zeit und Hilferufe zu, bevor sie zu härteren Aktionen greift. Doch das Verständnis ist auch hier irgendwann einmal zu Ende und die Seele beginnt damit, drastischere Mittel einzusetzen. Dabei sucht sich die Seele den schwächsten Punkt des betroffenen Menschen aus und lässt diesen erkranken.

Durch die entstehenden Schmerzen hofft die Seele, dass der Schmerz den Menschen nun endlich erkennen lässt, dass er bei sich etwas ändern sollte. Sei es der Umgang mit sich selbst, seiner Ernährung oder die genauere Beachtung seines Körpers. Der Schmerz wird in vielen Fällen unerträglich und nicht akzeptabel. Der Betroffene sucht Hilfe bei einem Arzt. Dieser bringt all sein Können ein, um dem Schmerzfühlenden zu helfen. Oft gelingt dies auch, aber es sind viele Fälle bekannt, in denen der Arzt an seine Grenzen stößt. Es wird dann ein „chronischer Schmerz" attestiert.

Analyse

Was ist passiert? Das ist einfach erklärbar. Die Seele sendete über einen langen Zeitraum Hilferufe an den betroffenen Menschen aus. Sie wollte gestreichelt und gepflegt werden. Zuerst meldete sie sich ganz leise, dann immer intensiver, die zeitlichen Abstände wurden immer kürzer. Der betroffene Mensch hörte nicht darauf, die Seele wählte dann einen Weg sich Gehör zu verschaffen und meldete sich über den Körper, in diesem Abschnitt bereits ohne Rücksicht und Toleranz. Durch Schmerzen!

Hätte der Betroffene frühzeitig die Zeichen erkannt, wären ihm einige Schmerzen sicherlich erspart geblieben. Doch nun sind die Schmerzen einmal da. Was ist zu tun?

Die Lösung

Nach der Diagnose des Arztes oder auch Heilpraktikers, der keine nachvollziehbaren Ursachen ans Licht bringt, sollte man bereit sein, nach anderen Wegen zu suchen, um die Ursache finden zu können. Hier empfiehlt sich, erst einmal über seine bisherigen Lebensgewohnheiten nachzudenken und diese gegebenenfalls zu ändern. Begleitend dazu, ist es sicherlich vorteilhaft, wenn man sich mit sich selbst und seiner einmaligen Persönlichkeit auseinander setzt (siehe auch *„Höre hinein"* und *„Eine Reise zu dir"*).

Erkennt man dann gewisse Dinge in seinem Leben, die zugunsten des seelischen Wohlbefindens geändert werden sollten, darf man sich nicht davor scheuen, diese neuen Wege auch zu gehen. Dies erfordert sehr viel Mut, jedoch die Seele wird es einen danken! In jedem Falle gilt es zu beachten, dass diese Art des kritischen Selbstumgangs dazu verhilft, den richtigen Weg für sich zu finden. Schließlich ist die Seele nichts anderes als man selbst. Die Seele ist unser ICH und jeder einzelne Mensch will doch, dass es ihm selbst gut geht!?

Falsche Hoffnungen

Wer diesen Prozess nun durchlaufen hat und Dinge, Situationen und Lebensabläufe änderte, sollte nicht dem Irrtum unterliegen, dass plötzlich alle Schmerzen verschwunden seien. Einige Umstellungen werden sicher bewirken, dass die Schmerzen geringer werden, jedoch nicht ganz verschwinden. Das ist auch nicht Sinn des Hilferufes der Seele. Durch die vollzogene Veränderung ist die Seele wieder sanft gestimmt. Allerdings ist sie in manchen Fällen nicht bereit, die Schmerzen so einfach abzustellen. Viel zu groß ist die Gefahr des Rückfalls. Also erhält sie diese Warnsignale über den Körper aufrecht.

Als Erfolg zu werten ist allerdings, dass sich die Krankheit (siehe auch *„Krankheit"*) nicht weiter bildet oder zumindest nun langsamer voranschreitet und dass der Schmerz nicht mehr so häufig und/oder intensiv auftritt. Hätte der Betroffene die Hilferufe der Seele früher wahrgenommen, hätte sie nicht zu solchen Maßnahmen greifen müssen. Dadurch geschädigte Körperteile können sich wieder regenerieren, müssen aber nicht. Schließlich sollen sie immer daran erinnern, die Veränderung nicht zu vernachlässigen.

Natürlich gibt es auch die Möglichkeit, dass der Schmerz durch die Veränderung plötzlich nicht mehr vorhanden ist und sich Wohlbefinden einstellt. Doch sei Dir gewiss, sobald Du wieder beginnst, dieselben Belastungen auf Dich zu nehmen, wird Dir die Seele wieder Hilferufe senden.
Ich will hier auch nicht den Eindruck wecken, dass alle Krankheiten auf den seelischen Zustand zurück zu führen sind. Diese Annahme wäre fatal. Es gibt noch

eine Vielzahl von Ursachen für Schmerz und Erkrankung. Unfälle, Umwelteinflüsse und falsche Ernährung sind nur ein kleiner Teil davon. Meine hier aufgeführten Zeilen sollen nur einen möglichen Weg aufzeigen, um der Diagnose „Ich finde keine Ursache für Ihren Schmerz, das ist psychisch bedingt" gegenüber treten zu können.

Kerstin findet die Ursache

Kerstin leidet schon seit längerer Zeit an immer wieder kehrenden Kopfschmerzen. Viele Arztbesuche und Heilpraktikermethoden hat sie bereits hinter sich. Auch eine Kernspinaufnahme hat sie bereits über sich ergehen lassen. Die Ergebnisse waren immer unbefriedigend. Ohne Befund. „Sie sind körperlich absolut gesund", teilten ihr die Spezialisten immer wieder mit. „Aber irgendwo müssen diese Schmerzen doch herkommen," fragte sie sich immer wieder. Bis sie eines Tages darauf kam, dass die Ursache für die Schmerzen vielleicht von ihr selbst kommt. So begann Kerstin sich mit sich selbst zu beschäftigen, sich mit sich selbst auseinander zu setzen. Dabei ging sie mit sich sehr offen und ehrlich um.

Kerstin überdachte ihr gesamtes bisheriges Leben. Dabei stellte sie einige Verhaltensweisen fest, welche es neu zu überdenken gab. Sie stieß auf den Umstand, dass sie berufsbedingt nur wenig Sport trieb. „Na ja, eigentlich unternehme ich außer Treppensteigen gar nichts", erkannte sie. Auch konsumierte sie zuviel Kaffee. Ihre tägliche Ration umfasste rund 1,5 Liter. Auch ihre Rauchgewohnheiten sah sie plötzlich als Belastung. All dies erzeugte überflüssigen Stress für Kerstin und ihren Körper.

Diese ersten Negativpunkte erschienen ihr allerdings als nicht ausreichend. Sie begab sich weiter in die

97

Tiefe ihrer Persönlichkeit, ihrer Seele. Auf dieser Reise stellte sie fest, dass sie zuviel nachdachte, ja, gar einen Hang zum Perfektionismus habe. Sie machte sich sehr viele Gedanken über die Vergangenheit, Gegenwart aber auch die Zukunft. In der Vergangenheit kramte sie ständig herum, um zu erkennen, weshalb alles so gewesen ist, wie es war. Der Gegenwartsgedanke beschäftigte sie ausschließlich damit, wie sie bereits Bestehendes noch mehr verbessern könne. Und die Zukunft plante sie generalstabsmäßig, ohne dass sie sich je sicher sein konnte, wie diese Zukunft genau aussehen wird, da sich immer wieder Dinge ereigneten, die sich einfach nicht einplanen ließen (Meist kommt alles anders, als man denkt!").

Kerstin entdeckte, dass sie genau in diesen Bereichen Änderungen vollziehen wollte. Sie begann, sich sportlich zu betätigen, schraubte ihren enormen Kaffeekonsum um ein Vielfaches zurück und rauchte um einiges weniger. Sie arbeite an ihrem Perfektionismus und ließ ihrem inneren Kind ein wenig mehr Spielraum. Sie plante nicht mehr alles exakt, sondern traf spontane „Bauchentscheidungen". Dadurch erlebte sie wieder sehr viel Freude im Leben und ihre glücklichen Momente nahmen zu.

Der Druck und Stress auf sie wurde durch die Veränderungen erheblich geringer. Die Vergangenheit betrachtete sie als nicht mehr änderbar, die Gegenwart bereicherte sie mit etwas mehr Vertrauen und die Zukunft durfte kommen, allerdings ohne größere Detailplanung. Dieser Entwicklungsprozess erstreckte sich bei Kerstin über rund sieben Monate. Ihre Kopfschmerzen begleiteten sie in derselben Intensität ungefähr vier Monate lang. Nach dem vierten Monat erkannte sie bereits eine leichte Veränderung bei sich selbst, aber auch ihre Kopfschmerzen waren nicht mehr so schmerzvoll.

Kerstin arbeitet weiter an sich. Nach Ablauf von sieben Monate stellte sie fest, dass die Kopfschmerzen nahezu verschwunden waren. Dies führte sie auf ihren Veränderungsvorgang zurück und arbeitete noch weiter an sich. Zwar sind die Kopfschmerzen bis heute noch nicht ganz verschwunden, ab und zu melden sie sich wieder. Jedoch sind das Schmerzempfinden und die Häufigkeit des Auftretens überhaupt nicht mehr mit dem zu vergleichen wie es einmal war.

Kerstin hat wichtige Bereiche in ihrem Leben verändert, die sie und ihren Körper belastet hatten. Durch ihre motivierte Arbeit an und mit sich selbst, hatte sie **Ursachen** gefunden, die für ihren Kopfschmerz verantwortlich waren. Diese hat sie korrigiert. Heute erfreut sie sich einer wesentlich besseren Lebensqualität. Ihre Seele dankte ihr die Beachtung der Hilferufe, denn durch die Veränderung brachte sie wieder Freude in ihr Leben. Das genau wollte ihre Seele erreichen.

Gedicht

Die Seele warnte lange Zeit,
Hilfe suchend....doch die war weit,
niemand wollte sie erhören,
begann den Körper zu zerstören.

Schmerz sah sie als letzte Instanz,
ohne jede Toleranz,
schnell ist der Mensch bei Sinnen,
gibt es ein Entrinnen?

Chronisch ist die Diagnose,
der Schmerz setzt sich in Pose,
Arznei hilft nicht mehr,
der Mensch weint sehr,
doch beginnt er zu forschen,
in sich hinein zu horchen,
hört er seine Seele klagen,
will Kontakt zu ihr wagen.

Erkennt er dann...was Seele will,
wird der Schmerz ganz still,
verstummen gesamt wird er nicht,
d'rum les 'gut dies Gedicht!

Deine Seele...das bist Du,
also hör 'auch dir mal zu,

streichle Deine Seele in Gedanken,
sie wird`s Dir danken,
Gutes lass Dir widerfahren,
nicht nur Stress in Dich fahren.

Liebe, Freude und Genuss,
für Deine Seele ist`s ein Muss,
Pflege Deinen Wert,
Deine Seele Dich dafür ehrt,
so sieht sie keinen Grund,
zu trauern Stimm`ohne Mund.

Schickt sie aber Schmerz ganz schaurig,
ist sie doch ganz traurig,
dann ist es an der Zeit,
Dein Ziel ist nicht so weit,
dann beginn in Dich zu horchen,
Deine Seele neu zu forschen.

Notizen

Der Sinn des Lebens

Weshalb leben wir? Welchen Sinn hat das Leben? Warum geht es mir in diesem Leben so schlecht? Aus welchem Grunde werde ich so hart geprüft? - Viele Menschen stellen sich immer wieder die Frage nach dem Sinn des Lebens. Das beschäftigt sie in fast alle Schichten der Gesellschaft, den einen Menschen weniger, den anderen mehr. Auffällig dabei ist, dass sich Menschen, die sich in einer seelischen oder körperlichen Notsituation befinden, sich diese Frage öfter stellen als Menschen, die sich gut, gesund und ausgeglichen fühlen.

Eine seelische Notsituation

Lange Zeit befindet man sich auf der „Sonnenseite" des Lebens. Alles verläuft in den Bahnen, wie man es sich für sein Leben vorstellte. Wünsche, Sehnsüchte und Träume erfüllten sich bisher. So Manches geht zwar nicht vollends auf, wie man es sich vorstellte, aber es gibt keinen Grund, mit seiner Person, dem Leben oder etwas anderem zu hadern. Alles ist in Ordnung. Man fühlt sich glücklich und zufrieden.

Bis eines Tages ein Ereignis geschah, welches alles zunichte machte. Plötzlich stimmte nichts mehr überein. Alle Werte verschwanden schlagartig. Vieles des so gut Arrangierten geriet aus den Fugen, der Überblick ging verloren. Aufgrund dieses Ereignisses veränderte sich das Leben schlagartig. All das, was man mühsam aufgebaut hatte, wurde zerstört.

Die Konsequenz aus diesem „Schicksalsschlag" ist der Sturz in ein seelisches Tief. Nichts konnte einem mehr Freude bereiten, Selbstmitleid stellte sich ein. In den schlimmsten Fällen ereilen den Menschen sogar Selbstmordgedanken. Eine seelische Notsituation ist aufgrund dieser schmerzhaften Ereignisse eingetreten. In dieser Phase, viele nennen sie „auf dem Boden, ganz unten liegen", fühlt man sich nicht mehr in der Lage, Entscheidungen zu treffen. Desinteresse an Allem und Jedem gewinnt an Übergewicht. Die Frage nach dem Sinn des Lebens wird gestellt.

Die Chance

Sehr oft wird ein schmerzvoller „Schicksalsschlag" als Bestrafung angesehen oder als unbewusste Rache-Reaktion eines anderen Menschen auf ein bestimmtes Verhalten in der Vergangenheit. Ist man jedoch in der Lage, selbst oder mit Hilfe anderer Personen die Perspektive auf das Geschehene zurecht zu rücken, erkennt man sehr schnell eine Chance für das weitere Leben. Zuerst sollte man sich von der Vorstellung verabschieden, dass es sich hierbei um eine Art Bestrafung handelt. Niemand wird jemals von Gott bestraft! Vielmehr ist die momentane Situation als Hinweis zu verstehen, etwas zu ändern. Dieser Hinweis zeigt sich als sehr intensiv, was auch notwendig ist, denn eine grundlegende Änderung ist nun gewollt.

Die Forderung nach Veränderung verstehen wir also nur in einer schmerzhaften, intensiven Lebensphase. So sind wir Menschen nun mal: Wenn es uns gut geht, sehen wir keinen Anlass, uns grundlegend zu verändern. Um Veränderungen herbeiführen zu können, bedarf es der unterschiedlichsten Erkenntnisse (*siehe gesamten Inhalt dieses Buches*). Doch dazu sollte man Mut und vor allem den Willen besitzen, sich selbst neu kennen zu lernen und neue, bisher unbeachtete Seiten an sich selbst in den Vordergrund zu stellen.

Ein wichtiger Bestandteil bei diesem **Lernprozess** – ein solcher und nicht mehr ist dieser „Schicksalsschlag" – ist, dass der Betroffene mit sich selbst und seiner Vergangenheit sehr ehrlich und offen umgeht. Dabei sollte man in der Vergangenheit nicht unnütz

herumwühlen. Diese ist schließlich nicht mehr zu ändern. Erkennen und lernen aus Vergangenem ist allerdings nötig.

Jeder Mensch sammelte in der Vergangenheit Erfahrungen. Dabei macht man es sich oft sehr leicht. So
werden diese Erfahrungen in „Negativ" und „Positiv" klassifiziert. Auch diese Einstellung gilt es neu zu
überdenken. Denn positive und/oder negative Erfahrungen existieren so nicht. Eine Einteilung in diese
beiden Kategorien ist bei der neuen Betrachtungsweise nicht möglich. Vielmehr gilt es zu erkennen, dass es
sich hierbei nur um Erfahrungen handelt. Ohne jede
Wertschätzung!

Natürlich wurden manche dieser Erfahrungen intensiv
gemacht und andere wieder weniger. Mal waren sie
freudig, mal schmerzhaften Inhalts. Aber zu keinem
Zeitpunkt konnte man von negativ oder positiv sprechen. Die Haltung oder das daraus Entstandene in
Bezug auf diese Erfahrung hatte vielleicht etwas Positives oder Negatives. Aber die Erfahrung an sich bleibt
immer eine Erfahrung. Mehr nicht! Erkennt man das,
so ist man schon einen großen Schritt weiter. Hat man
nun doch die Chance, aus diesen Erfahrungen zu lernen. Nochmals darf man diese Erfahrung prüfen und
deren Auswirkung in der Vergangenheit überdenken.

Ist die Überprüfung dann vollzogen, so trifft man aus
der neuen Perspektive heraus eine Entscheidung, ob
man diese Erfahrung in die Zukunft so einbaut wie in
vergangener Zeit oder sie absolut neu verwertet. Dies
ist die Chance des Lernprozesses. Man schafft sich
selbst die Möglichkeit, einige Fakten aus der Vergangenheit, basierend auf den gemachten Erfahrungen, in
der Zukunft anders zu vollziehen. Zu mehr ist die Vergangenheit nicht gedacht.

Erkennt man also, dass die Erfahrung in der Vergangenheit ein wichtiger Informant für die Zukunft ist, so kann sie jeder nützen, um in der Zukunft so einiges anders zu machen. Damit dies intensiv erkannt wird, benötigt es eine Situation, die den Betroffenen offen für alles macht. Das ist dann diese seelische Notsituation, ohne jegliche Desorientierung oder „Störfeuer" durch andere Umstände!

Ich wiederhole: Ein „Schicksalsschlag", der vermeintliche Niedergang, erweist sich als Chance, einen neuen Lernprozess zu beginnen und eine andere Struktur in sein Leben zu bringen. Eine neue Lebensqualität wird Einzug halten.

In den meisten Fällen entsteht sogar eine absolut andere als die vor dem Lernprozess gelebte Qualität. Vieles was vorher wichtig war, zeigt sich nun als unwichtig. Ein großer Teil, was einmal unwichtig gewesen ist, nimmt plötzlich an Wertigkeit zu. Durch die Neubetrachtung erkennt man im Laufe der Zeit immer mehr und lernt sehr vieles für seine Persönlichkeitsentwicklung dazu.

Das Besondere dabei ist, dass es sich letztendlich nicht einmal um eine Veränderung der eigenen Persönlichkeit handelt, sondern nur um die Tatsache, dass man innerhalb dieses Lernprozesses nun sein wahres ICH erkannt hat und es auch leben lässt. Es war tief in einem vergraben, doch durch den Lernprozess darf es nun in das Licht der Welt.

Entwickelt sich dieser Mensch nun unaufhaltsam weiter, wird ihm sehr schnell klar, das alles was er vorher gelernt hatte, ihn in der Zukunft unterstützen wird. Diese Unterstützung ist auch dringend erforderlich um seine Aufgabe hier auf Erden erledigen zu können. Jeder Mensch hat seine Aufgaben. Um diese bewältigen zu können, braucht er aber zuerst die Erfahrung und diese hat er sich vor Beginn des jeweiligen Lern-prozesses angeeignet.

Lernen, uns weiter entwickeln und Aufgaben erfüllen werden wir bis zum letzten Tag unseres Daseins auf dieser Erde. Denn der Sinn des Lebens besteht darin, zu lernen und unsere Aufgaben zu erfüllen. Und achte immer darauf: Gewollt ist die liebevolle und achtende Erfüllung des Lebens Sinn, nicht die hasserfüllte Um-gangsform.

Ich fasse zusammen: Es gilt aus der momentan ausweglos erscheinenden Situation stets zu ler-nen, den angeblichen „Schicksalsschlag" und die seelische Notsituation so zu erkennen und anzu-nehmen, wie er gedacht ist. Nämlich als Hinweis auf den Sinn des Lebens und die Chance für eine Weiterentwicklung. Dann wird auch das Glücklichsein wieder Einzug halten.

Ein Beispiel: Der schnelle „Aufstieg"

Schon in jungen Jahren war Jan ein erfolgreicher Ge-schäftsmann. Im privaten Bereich lief alles nach Plan. Im Alter von 22 Jahren gründete er ein Unternehmen, das sehr schnell expandierte. Er baute seine Ge-schäftsverbindungen auch überregional auf und aus. Innerhalb kürzester Zeit hatte er einen umfangreichen Mitarbeiterstamm. Jan engagierte sich zudem in der kommunalen Politik. Man kannte ihn, er stand in der Öffentlichkeit. Sein Geltungsdrang wurde befriedigt.

Die seelische Katastrophe

Jan war verheiratet. Er sah seine Frau zwar aufgrund der vielen Geschäftstermine nur selten, doch diesen Preis schienen beide kritiklos zu akzeptieren. Im Laufe der Ehe kam ein Kind hinzu. Alles schien nach außen perfekt. Doch im Innenverhältnis brodelte es schon lange. Die Ehefrau legte Verhaltensformen an den Tag, die Jan nicht mehr akzeptieren konnte und im Alter von 27 Jahren auch nicht mehr tolerieren wollte. Er trennte sich von seiner Frau. Die Scheidung war die Folge. Eine Scheidung, die Jan alles kostete, was für ihn wichtig war. Er verlor das Kind, er verlor seine Firma, er verlor sein Geld. Stück für Stück wurde seine Existenz vernichtet. Freunde wendeten sich von ihm ab.

Jan lag „am Boden", stürzte unaufhaltsam in eine seelische Notsituation. Sein Leben schien zerstört, sinnlos geworden. Klare Entscheidungen zu treffen, war in dieser Phase seines Lebens nahezu unmöglich für Jan. Das führte soweit, dass er ohne Wohnsitz war und nur durch die Hilfe seiner Mutter eine Bleibe auf deren Wohnzimmercouch fand. Nichts, aber auch gar nichts mehr, außer eine unüberschaubaren Menge an Schulden und einem Müllsack voll seiner persönliche Habseeligkeiten nannte er sein Eigen.

Seine Existenz schien gescheitert. Die seelische Katastrophe schien unaufhaltsam. Er stellte den Sinn des Lebens in Frage. Dieser Zustand hielt rund eineinhalb Jahre an. Erst dann konnte Jan wieder einigermaßen klare Gedanken fassen. Neu hinzugekommene Freunde halfen ihm durch Zuspruch und Unterstützung aus dem schlimmsten Tief heraus. Zwar funktionierte Jan wieder einigermaßen, aber Lebensmut und eigenständige Entscheidungen waren noch immer nicht möglich.

Er machte sich auf Jobsuche und fand etwas, was ihm das nötige Geld zum Weiterleben ermöglichte, - mehr schlecht als recht, eben gerade so, das es „zuviel zum Sterben und zu wenig zum Leben" war. Mittlerweile 30 Jahre alt geworden, konnte sich Jan in einer herunter gekommenen Gegend ein Einzimmer-Appartement leisten.

Die Entwicklung

Jan hatte eine intensive Lernphase zu bewältigen. Sehr oft saß er in seinen vier Wänden, begann aber dabei langsam und stetig an sich und seiner Persönlichkeit zu arbeiten. In dieser Selbstfindungszeit erlitt er schlimme seelische Schmerzen. Stellte er doch fest, welche Erfahrungen er in der Vergangenheit gesammelt hatte, deren Bedeutung nicht erkannte und deshalb vieles anders machte als von Gott und dem Leben gewünscht.

Jan bemerkte auch, dass er sein eigentliches ICH tief in der Vergangenheit vergraben hatte. Er beschloss nun, dieses ICH heraus zu lassen, seine Perspektiven und Haltungen bezüglich vieler Dinge zu ändern und sich

weiter zu entwickeln. Dieses Vorhaben dauerte Jahre. Denn es musste sehr viel überdacht und geändert werden.

Mit 38 Jahren erkannte Jan dann seinen Sinn des Lebens, seine Lernphasen und seine Aufgaben. Er nahm sie an und lebt noch heute glücklich und zufrieden in einer Kleinstadt in Bayern. Er sagt heute: "Ich blicke ohne Gräuel auf meine Vergangenheit zurück. Ich trage niemanden etwas nach. Im Gegenteil. Heute bin ich dankbar für das, was ich bisher erlebt habe, obwohl ich es damals nicht verstanden habe. Denn dies alles war notwendig, auch die Intensität des Erlebten, um dahin zu kommen, wo ich heute bin. Ich bin glücklich, ausgeglichen und zufrieden. Ich werde weiter lernen und meine Aufgaben erfüllen, ganz im Sinne des Lebens".

Gedicht

Nicht jeder stellt sich die Frage,
was man von diesem Leben habe.
Weshalb man gerade jetzt.....hier lebt,
welche Kraft in der Seele bebt.

Oft ist`s der Fall,
das Schicksal.....trifft mit großem Knall.
Weinend im weichen Kissen,
will man nun vieles wissen.
Alles nur noch schlecht geht dann,
das Gute steht weit.....weit hinten an.
Wieso man es g`rad selbst nun ist,
bei dem der Schmerz seine Flagge hisst,

Nun heißt es seine Chance seh`n,
um auf and`re Fragen zuzugeh`n.
In dieser Phase zu erkennen,
nicht weg zu rennen.
Denn dies ist die beste Medizin,
Frag, wo führt Dein Weg Dich hin?

Mut und Wille zu der Frage,
bringt Antwort auch zu Tage.
Welcher Sinn hinter allem steckt,
dies wird so entdeckt.
Erkenne klar und sei bereit,

Nicht Strafe hat Dich ereilt,
Erfahrung nun bei Dir verweilt.

Ist Erfahrung schmerzhaft schon,
so spricht deine Seele im scharfen Ton,
gehört hast du ihr Flüstern nicht,
d`rum treibt sie Schmerz in Dein Gesicht.
Nun hör sie mit ganzem Ohr,
zieh Dein Leben vor!
Erkenne des Lebens tiefen Sinn,
so fällst du nicht mehr hin.
Zum Lernen bist auf dieser Welt,
Vergängliches hier nicht viel zählt.
Entwickeln sollst Du Dich,
entfalten Dein eigen ICH.
Hast Du dies dann vollbracht,
wirst mit Aufgaben nun bedacht.

Lerne deshalb aus Deiner Lage,
stell **das Leben** nicht in Frage!
Du hast Erfahrung gemacht,
sie wurde teils schmerzhaft vollbracht.
Doch mit diesem Gut,
bewältigst jede Aufgabenflut.
Lernen kannst Du weiter auch sehr viel,
d`rum geh nicht auf die Knie!
Menschen wirst Du helfen,
wenn sie auf Dich und Deine Erfahrung treffen.

Erkenne den Sinn des Lebens hier,
denn aus des Lebens aller Phasen sollen lernen wir,
uns entwickeln im Jetzt und Hier,
uns `re Aufgaben sind klar und rein,
unsere Seele wird so glücklich sein.

Liebe Leserin,
lieber Leser,

nun hast Du Erkenntnisse erhalten, welche es Dir ermöglichen eine Veränderung in Deinem Leben herbei zu führen.

Du kannst den Inhalt dieses Buches als „roten Faden" betrachten. Entscheidest Du Dich für diesen Weg, wirst Du Deine Mitte erreichen und eine bessere Lebensqualität erhalten. Du hast die Wahl.

Ich kann Dir mit diesem Buch nur einen kleinen „Stups" in die richtige Richtung geben.

Solltest Du aber noch zusätzliche Unterstützung benötigen, so helfe ich Dir gerne persönlich dabei.

Ich freue mich auf Dich.

Dieter Kosnowski

Postfach 1829,
D-92608 Weiden i. d. OPf,
Tel.: 0160 / 1 00 92 64,
E-Mail: mail@vitanauten.de

Web: www.vitanauten.de

Lebe Dein Leben
Veränderung durch Erkenntnisse

Alle Gedichte für die Seele auf CD:
Alle Gedichte, welche Du in diesem Buch gelesen hast, wurden von mir auch auf CD gesprochen.

Unterstützung in Lebenssituationen
Mit Unterstützung dieser CD können sie lernen, Probleme bzw. Lernprozesse von einer anderen Perspektive aus zu betrachten, um dann zu einer neuen Lebensqualität und Orientierung im Leben zu finden.

Darüber hinaus hilft sie Ihnen, körperliche und psychische Disharmonien verschwinden zu lassen.

Inhalt der CD:
Helles Licht im Dunkeln (1:17) - Die Reise zu Dir (3:21) Liebe ist der Schlüssel (2:15) - Geduld (2:00) – Seelenschmerz (2:26) - Höre hinein (2:49) - Zweifel (2:09) - Entscheidung (3:23) - Körperlicher Schmerz (3:23) - Krankheit (4:10) - Der Sinn des Lebens (4:31)

Produktion: Berit Witthohn und Dieter Kosnowski

- **Der Preis/Bestellung:**
  · Pro CD 7,90 Euro zuzgl. Versandkosten

  · Bitte bestelle diese CD direkt bei mir.
  Per **E-Mail:**
  (mail@vitanauten.de)
  oder per **Brief:**
  Dieter Kosnowski, Postfach 1829,
  92608 Weiden . d. OPf

  Bitte mit Angabe der gewünschten CD-Stückzahl

Notizen

Notizen